커피 볶아주는 남자

커피 볶아주는 남자

|안재혁 지음|

살림

Writing of Recommendation

천성이 바리스타인 남자,
안재혁의 이야기

내가 커피전문가이자 커피 문화 전달자인 바리스타로 살아온 지 벌써 10여 년의 세월이 지났다. 처음 시작할 때만 해도 주위에 커피를 제대로 아는 사람이 아무도 없었고, 심지어 '바리스타'라는 단어조차 생소했는데, 언제부터인지 하나 둘, 곁을 지켜주는 동료들이 늘어났다. 재혁이는 그 중에서도 내게 가장 특별한 존재이자 내 영원한 커피 동반자다.

재혁이를 처음 만난 것은 바리스타학과 학생들과의 술자리에서였다. 다른 학생들보다 유독 진지했던 재혁이는 과묵한 성격임에도 불구하고 커피에 대한 진정한 열정 때문에 도드라지는 학생이었다. 다시 만났으면 하는 마음으로 궁금한 게 있으면 물어보라며 전화번호를 건네줬다. 그랬더니 이 진지한 친구가 바로 다음날 전화를 걸어 여러 가지 질문을 해서 날 괴롭히는 게 아닌가. 아직 바리스타라고 하기도 어려운 신입생이 그렇게까지 진심인 모습을 보이는데 그 열정에 나까지 전염될 판이었다. 그렇게 자주 전화통화를 한 것이 인연이 되어 재혁이와 나는 그때부터 지금까지 친구이자 같은 길을 걷는 동지로 함께하고 있다.

겉으로만 보면 국가대표라는 타이틀이 그저 화려하게만 보일 것이다. 국가대표 바리스타이자 세계대회 파이널 6위에까지 오른 재혁이를 보는 시선들에 '부럽다'는 느낌이 감지되는 것은 어쩌면 당연한 일이다. 하지만 재혁이와 5년 간 친하게 알고 지낸 나는 그의 타이틀이 그저 부러움의 대상만이 되어선 안 된다고 생각한다. 그 이유는 그와 하루만 함께 지내보면 곧 깨달을 수 있다.

하루 24시간을 분 단위로 쪼개 쓸 정도로 바쁘게 사는 그는, 시합이 다가오면 일주일 이상 밤을 꼬박 새우고, 창작 메뉴를 위한 커피 노트를 매일 들고 다니며 틈나는 대로 이것저것 적어둔다. 나는 졸면서 커피를 만들다 손을 데는 안재혁도 봤고, 커피 맛을 확인한다며 몇 십 잔의 커피를 마셔 불면증에 빠지는 안재혁도 봤다. 이제 이만큼 왔으면 그만해도 될 텐데, 지금도 커피에 열중하고 새로운 커피 지식을 차곡차곡 쌓아가는 그의 모습을 보면, 저런 것을 '천직'이라고 하는구나, 하는 생각까지 든다.

커피에 대한 애정이 연인을 사랑하는 마음보다 강하다는 남자, 안재혁이 드디어 자신의 이야기를 담은 책을 낸다. 국가대표 바리스타가 되기까지의 드라마틱한 삶과 커피에 대한 그의 철학 등, 행간마다 진지한 그의 흔적이 지문처럼 묻어 있다. 커피향이 물씬 나는 이 책이, 커피를 사랑하는 사람들과 그 커피를 내려주는 바리스타 사이의 가교 역할을 해주기를 바란다.

한국 최초 월드 바리스타 최지욱

Prologue

영혼을 위로해주는 한 모금의 커피

매일 아침, 나는 카페의 문을 열고 손님을 맞을 준비를 한다. 분주히 매장의 단장을 끝낸 후에야 비로소 머신을 장착하고 에스프레소 한 잔을 뽑아든다. 벌써 몇 년째 반복하는 일상이지만, 항상 첫잔이 추출될 때면 긴장감과 설렘이 감돈다. 바리스타로서 하루의 첫 의식은 언제나 약간의 경건함이 깔려 있다.

나는 바리스타다. 커피와 가장 가까이 있고 커피가 함께 호흡하는 사람이다. 매일의 일상에 커피향이 따라 붙고 무엇을 하든 커피와 함께한다. 돌이켜보니 그런 지가 벌써 6년째다. 그동안 국가대표 선발전에서 우승도 했고 국제 대회 파이널 콘테스트까지 치러냈다. 힘들 때도 있었고, 기쁠 때도 있었으며, 때로는 눈물을 흘리기도 했다. 커피는 그 치열한 순간순간, 조용히 내 곁을 지켜준 친구이자 동반자다.

언젠가 카페 오픈을 앞둔 새벽, 너무나 많은 업무와 이런저런 일들에 치여 스스로를 잃을 것 같은 기분이 든 적이 있다. 지하실에서 밀린 업무를 하다가 지쳐 흔들흔들 지상으로 나왔다. 매장엔 아무도 없고 정적만 맴돌았다. 마침 부드러운 아침햇살이 유리창에 조금씩 스미기 시작했다. 따뜻한 햇살 아래, 나는 뭔가에 홀린 듯 커피 머신 앞에 서서 에스프레소 한 잔을 내렸다. 하얗게 김을 내며 떨어지는 에스프레소를 잔에 받아 한 모금 입에 머금었다. 금세 온몸을 감싸던 짜릿한 전율. 입안을 가득 메운 커피향이 온몸으로 퍼지면서 몸 구석구석 눌어붙어 있던 피로의 찌꺼기까지 몰아내는 듯했다. 뜨거운 에스프레소를 들고 나는 희망찬 아침햇살을 보았다. 너무 빠르게 달리느라 잊었던 소중한 것들, 너무 힘들어 보지 못했던 소소한 행복감이 느껴졌다. 나는 갓 뽑은 에스프레소 한 모금이 그날의 시린 내 영혼을 어루만져주었다고 감히 확언할 수 있다.

매일 아침 머신에서 떨어지는 에스프레소를 보고 나는 그날 하루분의 일들을 상상해본다. 이 커피가 오늘 하루 어떤 사연을 담은 사람의 손에 닿을지, 얼마만큼의 사람들을 따뜻하게 감싸줄지를. 그리곤 조용히 기도하는 마음으로 바란다. 내가 뽑아주는 커피 한 잔이 누군가에게 위로가 되어주기를. 언젠가 내가 그랬듯, 누군가에게도 이 커피가 따스한 친구 역할을 맡아주기를.

꽉꽉 채워 담고 싶었지만 커피 한 잔에 차마 다 담지 못했던 수많은 사연을 책에 담아 독자에게 건넨다. 마음을 담아 직접 내린 커피처럼, 이 책 한 권이 누군가의 마음을 위로해준다면 더 바랄 것이 없겠다.

2009년 9월 카페 벤치, 햇살을 가득 받으며…
바리스타 *안재혁*

CONTENTS

추천의 글 천성이 바리스타인 남자, 안재혁의 이야기 ·················· 6
프롤로그 영혼을 위로해주는 한 모금의 커피 ························ 9

Coffee Story 1. *Ahn,* 커피와 사랑에 빠지다
    coffee note 커피 원조에 대한 설왕설래 ················· 18
- 달콤한 유혹, 금단의 커피 ······························ 21
- 알고 싶지 않았던 커피의 정체 ························ 22
- 쓰디 쓴 인생의 맛, 에스프레소 ······················· 24

    recipe 커피의 영혼, 에스프레소 ························ 28

Coffee Story 2. *Ahn,* 커피와 아침을 열다
    coffee note 한국인, 커피에 빠져들다 ·················· 32
- 아침의 제례, 에스프레소 추출 ························ 34
- 예민하지만 다정한 에스프레소 ······················· 36
- 신선한 아침의 충격, 예가체프 ························ 38

    recipe 아침을 깨우는 모닝커피, 오렌지 카페라떼 ····· 40

바리스타 *Ahn*의 특별한 이야기 하나 생두, 로스팅, 그리고 블렌딩
- 세계를 뒤흔드는 농작물, 생두 ························ 44
- 로스팅, 커피에 영혼을 불어넣다 ····················· 48
- 최고의 맛을 찾는 과정, 블렌딩 ······················· 49

Coffee Story 3. 커피는 연인과의 아찔한 첫키스다
    coffee note 커피, 러브레터를 대신하다 ··············· 52
- 첫사랑, 달콤쌉쌀한 추억 ······························ 54
- 사랑을 전하는 하트라떼 ································ 57
- 아웃 오브 아프리카 ····································· 59

    recipe 사랑보다 달콤한 커피, 캐러멜 마끼아또 ······· 60

Coffee Story 4. *Ahn*, 바리스타가 되기로 결심하다

coffee note 바리스타, 세상을 듣다 ·················· 64
- 바리스타, 우연처럼 다가온 운명 ·················· 66
- 대한민국 최초의 바리스타 대학생 ·················· 68
- 바리스타 *Ahn*의 첫 손님, 커피향에 취하다 ·················· 70

recipe *Ahn*이 처음 만들었던 커피, 아메리카노 ·················· 74

바리스타 *Ahn*의 특별한 이야기 둘 여러 가지 커피 추출법
- 날마다 달라지는 커피의 맛, 핸드 드립 ·················· 80
- 옛 방식 그대로, 터키시 커피 ·················· 82
- 깊고 묵직한 커피, 프렌치 프레스 ·················· 84
- 대중적 에스프레소 머신, 모카포트 ·················· 86
- 차가운 천사의 눈물, 더치커피 ·················· 88

Coffee Story 5. '커피'라는 또 다른 예술의 세계

coffee note 커피를 사랑한 예술가들 ·················· 92
- 숀 코네리와 만델린 커피 ·················· 94
- 감미로운 배경음악, 자미로콰이 ·················· 97
- 예술가의 커피, 커피의 예술 ·················· 98

recipe 아늑한 휴식을 위한 스트로베리 더치커피 ·················· 100

Coffee Story 6. 와인은 달콤한 설렘, 커피는 잔잔한 그리움

coffee note 헬레니즘의 '와인', 이슬람의 '커피'? ·················· 104
- 와인을 즐기던 그녀와의 조우 ·················· 106
- 바리스타, 알코올을 만나다 ·················· 108
- 와인을 닮은 이별 ·················· 110

recipe 달콤한 무드를 만들어주는 와인 마끼아또 ·················· 112

바리스타 Min의 특별한 이야기 셋 바리스타가 추천하는 카페 이야기
- flower & cafe blume + 블루메 ·········· 118
- Black gold 블랙골드 로스팅 샵 ·········· 122
- cafe de fazenda 카페 드 파젠다 ·········· 126
- In cloud 인 클라우드 ·········· 130
- Coffea coffee 코페아커피 성남 본점 ·········· 134

Coffee Story 7. 커피는 고단한 내 삶의 한 잔의 위로
coffee note 고난과 역경의 커피 역사 ·········· 140
- 커피 한 잔의 여유? 커피 한 잔의 노력! ·········· 142
- 버스에서 만든 카페라떼 ·········· 144
- 자투리 커피 한 모금의 여유 ·········· 146

recipe 피곤하고 지칠 때 위로가 되는 커피, 바닐라 프렌치 ·········· 148

Coffee Story 8. 커피, 소울 메이트 케이크를 만나다
coffee note 쌉쌀한 커피의 단짝, 한 조각의 케이크 ·········· 152
- 소울 메이트를 만들어준 박카스 CF 문답 ·········· 154
- 경쟁을 넘어선 자리에 있는 사람 ·········· 157
- 소울 메이트를 향한 기쁨의 눈물 ·········· 158

recipe 달콤한 케이크와 어울리는 커피, 샤커레또 ·········· 162

바리스타 Min의 특별한 이야기 넷 국가대표 바리스타 되는 법
- 바리스타를 길러내는 학교 ·········· 166
- 커피향이 가득한 이국으로 떠나는 커피 유학 ·········· 168
- 바리스타로서의 실력을 발휘할 찬스! 바리스타 국내, 국제 대회 ·········· 170

Coffee Story 9. Ahn, 국가대표 바리스타가 되다

coffee note 대한민국 최초의 국가대표 바리스타, 손탁 여사 ·············174
- 바리스타에 대한 오해 하나, 자판기 커피는 적? ·············176
- 바리스타에 대한 오해 둘, 깐깐한 감정사? ·············177
- 국가대표 바리스타, 재탕 커피를 마시다 ·············178
- 바리스타, 커피로 세상을 위로하는 직업 ·············181

recipe 바리스타를 위한 커피, 에스프레소 B-presso ·············184

바리스타 Ahn의 특별한 이야기 다섯 | 바리스타 Ahn이 공개하는 LOVE COFFEE Recipe

- 연인과 함께 즐기는 커피 하나, 깔루아 커피 ·············190
- 연인과 함께 즐기는 커피 둘, 카푸치노 ·············192
- 연인과 함께 즐기는 커피 셋, 루이보스 & 바닐라 커피 ·············194

- 다이어트 중에 즐기는 커피 하나, 카페라떼 (저지방 & 무지방) ·············196
- 다이어트 중에 즐기는 커피 둘, 아이스 더치 라떼 ·············198

- 웃음을 가져다주는 커피 하나, 카페모카 ·············200
- 웃음을 가져다주는 커피 둘, 재스민 커피 ·············202
- 웃음을 가져다주는 커피 셋, 에스프레소 콘파냐 ·············204

- 휴식을 위한 커피 하나, 로즈마리 커피 ·············206
- 휴식을 위한 커피 둘, 카페 체리베리 ·············208
- 휴식을 위한 커피 셋, 라떼 마끼아또 ·············210

커피는 악마처럼 검고, 지옥처럼 뜨거우며,
천사처럼 아름답고, 사랑처럼 달콤하다.

- 탈레랑 *Talleyrand*

Coffee Story : 1

Ahn,
커피와 사랑에 빠지다

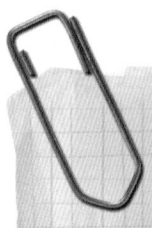

커피 원조에 대한 설왕설래

바쁜 일상에서 '뛰면서 즐기는 한 잔의 여유'를 만들어주고 전 세계에서 하루에 25억 잔 이상 소비되고 있는 커피. 두터운 마니아층이 생길 정도로 많은 사람들의 사랑을 받고 있는 커피는 대체 언제 발견되었을까? 커피의 기원에 대한 가장 잘 알려진 전설은 에티오피아에서 시작한다.

커피의 역사를 되짚을 때 늘 거론되는 인물이 있다. 바로 염소를 치는 소년 칼디Kaldi. 기원 전 에티오피아의 남서부 아비시니아에 살던 칼디는 어느 날 신기한 광경을 보게 된다. 염소들이 한 나무에 달린 열매를 먹고서는 갑자기 흥분하여 시끄럽게 울며 뛰어대는 게 아닌가. 호기심이 발동한 그가 스스로 그 열매를 먹어 시험해보았더니 난데없이 즐거운 마음이 들고 활력이 넘쳐나기 시작했다. 짐작했겠지만 염소와 칼디를 모두 놀라게 한 이 붉은 열매가 바로 '커피'였다.

커피의 전설은 아프리카의 에티오피아에서 시작되나, 정작 커피의 세계화는 이슬람인 예멘에서 이루어졌다. 커피의 역사를 설명할 때 예멘의 모카 항을 빼면 할 말이 없어질 정도이니 가히 주인공 격이라 할 수 있다. 모카 항은 17세기 이전까지 유럽의 모든 커피를 수출하던 최고의 항구였으며 그 영향력 또한 대단했다. 그때의 여파가 지금까지도 남아 있어 모카라는 말은 커피의 동의어로 인식되고 있을 정도다. 그래서인지 예멘에도 커피의 발견에 관한 전설이 존재한다.

이번 전설의 주인공은 이슬람 사제 오마르Omar다. 정치적 의도로 도피 중이던 그는 사경을 헤매다가 주변의 붉은 열매를 보았다. 우연히 발견한 그 열매를 먹은 오마르는 곧 기운을 회복할 수 있었다. 그는 이 붉은 열매, 즉 커피를 알라의 축복이라 부르며 널리 퍼뜨렸고, 그 공으로 모카의 성인으로 추대되었다고 한다.

칼디의 전설이나 오마르의 전설이나 우리가 보기에는 별 차이가 없어 보인다. 그러나 두 나라에서는 자기네 전설이 더 현실성이 있다며 서로 원조라고 주장하곤 했다. 에티오피아나 예멘 모두 커피로 유명한 나라이기에 기원에 대한 자존심 싸움은 피할 수 없었나 보다. 이렇게 커피를 사이에 둔 에티오피아와 예멘의 자존심을 건 경쟁은, 그러나 의외로 양쪽 모두의 승리로 마무리됐다. 학자들이 커피의 기원은 에티오피아이나 커피 전파의 공은 예멘의 모카 항에 있다고 결론지었기 때문이다.

학자들의 평결로 양국은 잠시 잠잠해졌으나 모든 논쟁이 끝난 건 아니다. 아직도 커피가 자기 나라로부터 시작되었다며 아프리카와 이슬람은 옥신각신하는 중이다. 세상에서 가장 영향력 있고 매력적인 농작물이다 보니 원조 논쟁이 끊이지 않는 건 당연할 법도.

달콤한 유혹, 금단의 커피

철이 들기 전부터 어머니의 탁자엔 '커피 삼총사'가 나란히 늘어서 있었다. 탁자 한쪽 구석에 커피, 설탕, 프림이 유리병에 담겨 조르륵 늘어서 있는 모습은 내겐 일상의 스틸 컷과도 같은 생생한 장면이었다. 어머니는 한가한 오후가 되면 물을 끓이고 밀폐된 유리병을 열어 티스푼으로 인스턴트커피를 잔에 덜곤 했다. 커피, 설탕, 그리고 마지막으로 프림까지 모두 두 스푼, 일명 '둘둘둘'로 '조제'된 커피는 어머니에게 최고의 메이트였다. 하얀 잔에 갈색 커피를 담아 한 모금씩 음미하던 어머니의 표정은 지상의 행복을 모두 누리는 사람의 그것과도 같았으니.

가끔 내가 탁자에 몸을 기대고 깨금발로 서서 조르는 듯한 얼굴로 바라보면 어머니는 잔을 살짝 내게 밀어주며 한 모금 마셔보라고 했다. 어머니가 주는 대로 한 입 머금고 가만히 혀를 굴리면 달콤한 맛과 함께 인스턴트커피의 진한 향이 배어 나왔다. 목을 타고 넘어가는 그 한 모금이 얼마나 감미로운지, 나는 늘 어머니께 한 모금만 더 달라고 조르곤 했다.

"안 돼. 아이는 딱 한 모금만 마시는 거야. 혁이가 커서 어른이 되면 그때 많이 마시렴."

그럼 나는 뿔이 나서 입을 내밀며 돌아섰다. 빨리 어른 돼서 커피 마음껏 마셔야지, 다짐하면서.

아이였을 때 커피는 금단의 구역이었다. 커피 한 잔은 어른으로의 패스포트이자 어른이라는 증명서였고, 나는 그 증서를 당장이라도 손에 넣고 싶었다. 달콤함으로 무장한 어머니의 음료가 그렇게도 부러웠다. 그 부러움이 오래 가지는 않지만 말이다.

알고 싶지 않았던 커피의 정체

돌이켜보면 어머니 말씀은 대부분 옳다. 당시엔 잔소리로 들릴지라도 말이다. 어머니 말대로 위험한 물건은 조심해서 다뤄야 하고, 교통 신호는 잘 지켜야 한다. 하루 세 번 이를 닦아야 하고, 거짓말은 하면 안 된다. 그리고 커피. 아이는 딱 한 모금만 마셔야 하는 게 맞았다. 나는 그걸 너무 일찍, 아니, 너무 늦게 깨달았다.

예정보다 수업이 일찍 끝나 집에 일찍 들어온 날이었다. 대문을 열고 들어서니 집안에는 달콤한 커피향이 맴돌고 있었다. 웬일인지 어머니는 보이지 않고, 대신 나를 반겨주는 것은 탁자에 놓인 커피 한 잔 뿐. 어머니가 커피 타임을 즐기다 잠깐 자리를 뜨신 모양이었다.

나는 주위를 살피며 탁자에 다가가 조심스럽게 커피 잔을 쥐어보았다. 따끈따끈, 아직까지도 온기가 생생한 커피가 유혹해왔다.

자, 날 마셔봐. 네가 원하는 맛을 보여줄게. 너희 어머니에게도 이르지 않겠어.

한 모금 이상은 못 먹어본 금단의 음료. 어머니가 없는 틈을 타 몇 모금이라도 마셔두고 싶었다. 어린 나는 과감히 유혹에 넘어가기로 했다.

고개를 젖혀 커피를 한 모금 머금었다. 뜨거운 액체가 입안으로 흘러들어왔다. 그런데 웬일일까. 입안을 침입한 커피는, 내가 알던 그 커피가 아니었다. 아이스크림처럼 달콤한 음료가 아닌 한약처럼 쓴 음료는, 뱉으려는 내 의지와는 달리 목울대를 지나 빠르게 흘러갔다.

이게 커피라니. 나는 누군가에게 머리를 한 대 맞고 놀림 받은 기분이 들었다.

입안을 가득 메우는 쓴맛에, 나는 어찌할 바를 모르고 울상을 지었던 것 같다. 어머니의 달콤한 커피가 사실은 내 입맛을 고려한 배려임을 그제야 깨달았다. 어린 아이는 한 모금만 마시는 거라던 어머니의 말씀이 무엇을 의미하는지도 알 것 같았다. 남몰래 맛본 어른의 음료는 여린 혀에 아프도록 썼다.

    그 후부터였다. 나는 더 이상 어머니께 커피 한 입 달라는 말을 하지 않았다. 커피의 정체를 알아버린 나는 쓰디쓴 커피를 설탕으로 포장해 목 뒤로 넘기고 싶지 않았다. 커피는 그렇게 달콤함과 쓴맛의 이중적인 기억을 남긴 채 유년기의 저 너머로 퇴장해버렸다.

쓰디쓴 인생의 맛, 에스프레소

지금의 나는 커피를 많이 마시는 어른, 바리스타가 되었다. 어릴 때 어머니께 감돌던 커피향은 지금 내 몸에 더 진하게 배어 있다. 역시 시간은 많은 것을 변하게 하나 보다. 나는 어릴 때와 달리 단맛보다 깊은 맛을 좋아하며 씁쓸한 에스프레소를 즐겨 마시게 되었다. 돌이켜보면 커피에 대한 유년기의 설렘과 실망감이 얼마나 우습고 짠한지. 순진했던 어린 시절을 생각하면 무심코 입꼬리가 올라간다. 제대로 된 커피의 향도, 맛도 모른 채 커피를 꿈꿨던 시절. 베일을 벗은 커피의 참맛에 화들짝 놀라며 느꼈던 배신감까지 아련하게 떠오른다.

유년기의 내가 에스프레소를 알았다면 아마 까무러쳤을 것이다. 연한 아메리카노에도 놀라 돌아섰는데 그것보다 한참 진한 에스프레소는 말할 것도 없다. 그러나 지금은 어린 시절의 내게 말해주고 싶다. 20년만 지나면 너도 에스프레소의 맛을 느낄 수 있을 거야. 한 번 맛보면 아마 에스프레소를 끊지 못할 걸? 왜냐면 지금 내게 에스프레소 한 잔은 삶의 에너지니까.

에스프레소를 좋아하는 이유는 간단하다. 커피가 낼 수 있는 가장 다양한 맛을 진하게 느낄 수 있기 때문이다. 단맛은 언제나 평이하지만 쓴맛에는 깊이가 있다. 쓴맛 뒤로 느껴지는 깊고 감미로운 여운은 그 어떤 맛으로도 대신할 수 없다.

어린 시절에는 몰랐다. 삶이란 게 유원지에서 먹는 달콤한 사탕과자 같은 것만은 아니라는 걸. 맛보고 싶지 않은 쓴맛, 신맛, 떫은맛까지 모두 우리 인생을 풍부하게 해주는 맛이라는 걸. 유년기에 맛본 그 쓰디쓴 맛은, 어쩌면 커피의 맛이 아니라 인생의 맛이 아니었을까. 커피의 달콤함만이 아닌 쓴맛을 느낄 때, 그리고 그 쓴 맛의 묘미를 알아낼 때, 우리는 비로소 어른이 되는 것인지도 모른다.

쌉쌀한 유년의 기억 '어른의 음료' 커피

Recipe

커피의 영혼,
에스프레소

커피의 영혼이자 심장으로 불리는 에스프레소. 대부분의 베리에이션 레시피는 에스프레소 추출을 전제로 하고 있고, 바리스타의 실력 또한 에스프레소 추출로 판가름할 만큼 에스프레소는 큰 비중을 차지하고 있다.
보통 처음 마시는 사람들은 아무것도 첨가하지 않고 마셔야 할 것이라는 관념에 사로잡혀 있어 선뜻 에스프레소에 손대질 못하는데, 그럴 필요 없다. 우선 스틱 설탕 한두 개를 넣어 한 모금 마셔보고, 그래도 맛이 강하다면 스팀 밀크를 조금 넣어보자.
달콤하고 부드러운 에스프레소를 즐길 수 있을 것이다.

(1잔 분량) 커피 7~8g, 에스프레소 머신

❶ 곱게 간 커피를 필터에 담는다.
❷ 필터에 담긴 커피를 탬퍼로 누른다.
❸ 커피가 담긴 필터를 에스프레소 머신에 장착한다.
❹ 에스프레소 버튼을 누른 후 잔에 받아낸다.

TIP 에스프레소에 스팀 밀크 대신 차가운 우유를 넣어보자. 뜨겁지 않고 부드러운 에스프레소를 즐길 수 있다.

Coffee Story : II
Ahn,
커피와 아침을 열다

"당신이 아침에 눈을 뜨면
커피를 가져다 드릴게요."
- 잉그리드 버그만 Ingrid Bergman
영화 《누구를 위하여 종은 울리나
For Whom The Bell Tolls》 중

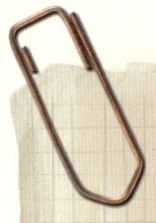

한국인, 커피에 빠져들다

우리나라에 커피가 처음 들어온 시기는 정확히 알려지지 않았지만 대략 19세기 후반으로 추정하고 있다. 한창 청나라를 통해 서양문물이 물밀듯 들어올 때 커피도 함께 들어온 것이다. 처음에 커피는 서양 외교관들이 조선의 귀족과 왕실의 호감을 사기 위해 바치던 진상품이었다고 한다. 그들의 의도대로 조선 상류층들은 곧 커피의 마력에 빠져들었다. 하지만 민간에서는 탕약과 비슷한 쓸쓸한 맛과 검은 색깔 때문에 '양탕(洋湯)국'이라 불리며 크게 인기를 끌지는 못했다고 하니, 참 알다가도 모를 일이다.

커피가 알려지기 위한 기반인 다방은 일제 강점기에 생겨났다. 1919년 이후 서울 명동을 기점으로 일본식 다방이 들어서 예술가들과 부유한 멋쟁이들을 불러 모았다. 이름만 대면 알 만한 문화인들이 다방에 삼삼오오 모여 토론하던 모습은 그 시대에는 흔한 것이었다고 한다.

그중에도 특히 천재 시인으로 이름난 이상은 그 정도가 심했다. 다방문화에 심취한 나머지 스스로 다방을 차리기까지 했던 것. 우리에게 〈금홍아, 금홍아〉라는 영화로 유명한 이상의 연인, 기생 금홍이도 이상과 함께 다방에서 일을 했다고 한다. 안타깝게도 상업적인 재능이 전무한 이상은 연달아 다방 영업에 실패했고, 금홍은 결국 짐을 싸 떠나버렸다. 그럼에도 불구하고 죽기 직전까지도 다음에 세울 다방을 구상했다고 하니 그 열정만큼은 대단하다 하겠다.

다방은 이렇게 한 시대를 풍미하며 문화적 공간의 표상이 되긴 했지만 아직 일반인이 쉽게 드나들지는 못했다. 더불어 커피도 일반인들에게 널리 알려지는 영광을 다음 시대로 미뤄야 했다.

  그 시기는 예상보다 빨리 찾아왔다. 한국전쟁 때 국내에 주둔하던 미군 부대에서 인스턴트커피가 대량으로 방출되며 한국인의 입맛을 사로잡았던 것이다. 정부의 수입금지 조치로 인해 대중들에게 구석구석 퍼지지는 못했지만 조금씩 커피는 일반인에게 파고들기 시작했다.

  커피가 국민 음료로 각광받기 시작한 것은 1970년대에 이르러서였다. 이때 동서식품에서 세계 최초로 인스턴트커피믹스를 개발했는데, 이것이 국민 애호품으로 등극하게 된 것이다. 오랫동안 한국에서의 비상을 꿈꾸던 커피가 드디어 날개를 다는 순간이었다. 이후 인스턴트커피믹스는 필수품이 되어 각 가정에 안착했고 대중적인 국민음료 리스트에 이름을 올리게 되었다. 원두커피의 비중이 예전보다 커진 지금도 인스턴트커피믹스는 우리나라뿐 아니라 세계 각지로 수출되어 많은 사람들에게 사랑을 받고 있다.

  인스턴트커피가 대다수를 차지하던 한국 커피시장에 본격적으로 원두커피가 퍼진 건 1999년 스타벅스 1호점 오픈 이후이다. 이후 프랜차이즈 커피숍이 속속 들어서며 한국인의 커피에 대한 인식이 인스턴트에서 원두로 옮아가기 시작했다. 한국의 첫 커피상륙이 100년 전에 일어난 일인데, 이젠 커피가 주요 문화로 자리 잡았으니, 늦깎이 커피 입문국 치고 참 빠르게 커피에 적응한 게 아닌가 싶다.

아침의 제례, 에스프레소 추출

카페를 오픈할 때가 가장 좋다. 아침의 청량감이 묻어나는 한적한 길을 걸어 카페에 도착하기까지의 산책로부터 가슴이 두근거린다. 카페 문을 열고 오픈 준비를 하며 오늘의 음악을 고르는 것도 좋다. 카페 앞에 찾아와 당당하게 베이글을 요구하는 길고양이에게 아침식사를 내주는 것도 좋고, 날이 좋을 걸 예상하며 테라스의 블라인드를 살짝 걷어 두는 것도 좋다. 하지만 그 중에서도 가장 좋은 건 역시 첫 커피, 에스프레소를 내릴 때이다.

"널 만나면 늘 커피향이 나. 꼭 네 몸에 커피가 스며있는 것처럼……."

바리스타는 자신의 직업을 커피향이 밴 몸으로 나타내는 사람이다. 외부 사람들은 내가 다가서면 진한 커피향을 느끼며 한 마디씩 던진다.

"누가 바리스타 아니랄까 봐 커피 냄새 풍기고 다니기는……."

하지만 정작 나는 커피향 불감증이다. 늘 커피에 둘러싸여 있으니 커피향을 민감하게 느끼질 못하는 거다. 그런 내가 유일하게 커피향을 생생하게 느끼는 시기가 바로 아침의 첫 의식, 에스프레소를 추출할 때다. 커피를 갈아 포터 필터에 채우고 머신을 가동한다. 순간 진하게 퍼지는 향기. 뜨거운 에스프레소가 황금빛 꿀처럼 떨어져 잔에 담기면, 그것을 들어 향부터 음미한다. 커피의 영혼, 에스프레소가 뿜어내는 향기는 그 무엇보다 진하고 정직하다. '크레마'라고 불리는 특유의 보드라운 거품부터 그 아래 존재하는 끝도 없이 짙은 고동색 심연까지 한 모금에 맛본다. 에스프레소가 훑고 간 자리마다 감미로운 커피향으로 채워진다. 매일 아침 온몸이 커피향에 젖어드는 그 순간마다 나는 내가 커피를 다루는 사람 즉, 바리스타임을 깨닫곤 한다.

예민하지만 다정한 에스프레소

에스프레소는 가장 기본적인 커피이자 가장 많이 쓰이는 커피다. 메뉴판에 적힌 '에스프레소' 뿐만이 아니라, 많은 사람들이 잘 알고 있는 베리에이션 커피, 예를 들어 카페라떼, 카푸치노 등의 커피에도 에스프레소가 기본적으로 들어간다. 조금 과장해서 말한다면, 카페에 들어가 어떤 메뉴의 커피를 마시든 에스프레소의 변형을 마시는 것과 다름없다고까지 할 수 있을 정도다. 모든 메뉴의 기본이자 핵심이며 다른 어떤 메뉴보다 중요한 요소인 에스프레소. 그러니 에스프레소 한 잔을 뽑는다는 건 카페의 모든 것을 확인한다는 의미가 된다.

나는 다른 바리스타가 잘 근무하고 있다고 하더라도 반드시 손수 에스프레소를 추출해본다. 그걸로 커피의 질과 카페 분위기, 그리고 바리스타의 역량까지 체크한다. 무조건적인 에스프레소 확인은 '매장의 커피 맛을 퀄리티 높게 유지하도록 노력한다'는 바리스타로서의 최소한의 예의이자 기본적인 자세다.

에스프레소는 예민하다. 내리다 조금만 실수를 해도 바로 표가 난다. 원두를 조금만 굵게 갈아도 맹물이 나온다. 그렇다고 너무 곱게 갈면 아예 추출이 되질 않는다. 시간이 지체되면 지체된 만큼 크레마가 사그라지고, 질이 떨어지는 커피를 쓰면 그 악조건이 배가 되어 돌아온다. 약간의 실수도 허용하지 않는 에스프레소는, 그래서 모든 커피의 '테스트' 용으로 사용된다.

모든 바리스타가 그렇듯 내게도 에스프레소는 친구이자 날카로운 비판자다. 바리스타로서 에스프레소를 추출할 때는 모든 것에 주의를 기울인다. 추출된 것이 마음에 들지 않으면 마음에 들 때까지 몇 번이고 다시 뽑아보고 긴장하며 맛본다. 이럴 때는 에스프레소가 날 탐탁지 않아하며 으박을 지르는 것처럼 느껴진다.

즐기면서 마실 때는 또 얘기가 달라진다. 편하게 풀어진 자세로 에스프레소에 설탕을 넣는다. 내가 생각하는 최적의 설탕 비율은 7그램. 5그램짜리 커피스틱 한 개 반 분량을 커피에 떨군다. 설탕이 들어가 맛이 한층 유해진 에스프레소는 더 이상 매정한 비평가의 모습이 아니다. 달콤함을 품고 부드러워진 만큼 다정한 친구로 변한 느낌이다.

한가할 때면 진한 에스프레소를 두세 번에 나눠 마시며 커피향의 여운에 잠긴다. 이때만큼은 커피가 일이 아니다. 즐기며 마실 때는 일의 필요로 인해 마실 때와 마음자세부터 몸가짐까지 완전히 다르니. 그런데 가끔은 이 경계가 허물어질 때도 있다. 처음 예가체프를 마셨던 어느 날의 아침처럼.

신선한 아침의 충격, 예가체프

전문적으로 커피 공부를 하다보면 가끔 막히는 부분이 있다. 내게는 산지별 커피 풍미 부분이 그랬다. 어떤 좋은 아로마가 풍부하고, 어떤 좋은 흙 내음이 진하다는데 나는 별로 느끼질 못했다. 아무리 맛을 보고 향을 맡아봐도 책에서 말하는 그런 풍미는 먼 나라 얘기였다.

그러던 어느 날 아침, 모닝커피를 내릴 때였다. 새로운 생두가 들어왔기에 드립커피를 준비하고 생두 보관용 봉투를 열었는데, 갑자기 달콤한 과일향과 꽃향기가 뿜어져 나왔다. 생두에서부터 향이 나는 건 처음이었다. 푸릇한 생두는 원래 콩 특유의 풋내가 나는 게 정상이다. 그런데 로스팅도 하지 않은 생두에서 향이 나다니. 지금껏 맡아본 적 없는 향에 의아해하며 로스팅과 그라인딩을 마치고 커피에 물을 붓는 순간이었다. 신선한 지피가 바글바글 거품을 내고 부풀어 오르자 마치 꽃이 연달아 피어나는 듯한 풍성한 아로마가 온 사방에 퍼져나갔다. 공간을 가득 채우고 내 몸까지 파고드는 아찔한 꽃 내음. 화려한 꽃들이 만발한 꽃밭에서 한 아름 꽃을 안고 뒹구는 기분이었다. 코끝을 타고 몸 전체로 파고든 강렬한 아로마에 거의 취할 지경에 이르렀다.

이런 커피는 생전 처음이었다. 이게 커피라면 지금까지 내가 먹어왔던 건 커피가 아니라고까지 생각이 들 정도였으니. 대체 뭘까. 처음 느끼는 아찔한 향내에 젖어든 채 나는 커피 이름부터 확인했다. '에티오피아 예가체프 그레이드 1[Yirgacheffe G1].' 예가체프라면 늘 내가 마셔왔고 수백 번도 더 내려 본 커피였다. 차이가 있다면 그때까지 그레이드 2만 내렸다는 것뿐. '그레이드'란 커피의 등급을 말한다. 에티오피아의 경우 G1, G2 등으로 분류하는데, 숫자가 작을수록 좋은 커피다. 그레이드를 정하는

데 기준이 되는 것은 결점두의 비율. 벌레 먹거나 이물질이 발생한 결점두가 많을수록 그레이드가 떨어진다. 그런데 등급 차가 이렇게까지 맛을 좌우하다니. 예전에도 높은 등급의 커피를 많이 접해보았건만, 그런 경험을 한건 그때가 처음이었다. 그레이드의 차이가 그렇게까지 크다는 사실을 그제야 깨달았다. 텍스트북에서 보던 예가체프의 '플로럴 아로마'가 진짜일 줄이야. 이렇게까지 내 마음을 온통 헤집어 놓을 줄이야……

그동안 아무리 코끝까지 가져다대도 느껴지지 않던 아로마가 그날은 너무나 쉽고 크게 다가왔다. 아, 이게 그 책에 나오는 얘기구나. 이거였구나. 그저 '아로마가 강함'이라고 외워왔던 지식이 가슴으로, 온몸으로 느껴지는 순간이었다. 그날의 모닝커피는 천상의 맛이었다. 분명 업무를 위한 모닝커피를 만들었지만, 그때의 나는 바리스타임도 잊은 그저 예가체프 예찬론자에 불과했다.

그 후 예가체프는 내가 가장 좋아하는 커피가 되었다. 나는 지금도 예가체프 커피는 떨어지지 않게 늘 챙겨두고, 소중한 사람이 올 때면 아껴둔 예가체프를 꺼내 정성을 다해 커피를 내려준다. 그도 내가 느꼈던 백화만발한 꽃향기를 느끼길 바라며. 그리고 그가 카페를 나설 때 즈음, 예가체프 원두를 건네주며 넌지시 말한다.

우울한 날 아침에 모닝커피로 마셔.
이 커피가 널 천상으로 데려다줄 거야……

Recipe

아침을 깨우는 모닝커피,
오렌지 카페라떼

바쁘게 생활하다 보면 아침을 거르고 대신 커피 한 잔을 마시는 경우가 많다. 하지만 공복 상태에서 커피를 마시면 위에 부담을 주어 배탈이 날 수 있으니 주의해야 한다. 식사를 거른 아침에는 빈속을 든든하게 채워줄 우유가 들어간 커피가 좋다. 오렌지를 넣은 카페라떼는 상쾌한 향기로 아침잠을 깨워주는 동시에 열량 또한 채워줘 기운 넘치는 하루를 만들어줄 것이다.

Orange Caffe latte

(1잔 분량) 에스프레소 1샷(30ml) 스팀 밀크 120ml, 오렌지 시럽 15ml (오렌지 2개, 물 100ml, 설탕 20g)

❶

❷

❸

❹

❺

❶ 오렌지 껍질을 깐 후 과육은 즙을 내고 껍질은 강판에 갈아둔다.

❷ 준비된 오렌지 즙과 껍질, 물과 설탕의 비율을 1 : 1 : 1로 섞고 중간 불에서 졸인 후 체에 걸러 시럽만 보관한다.

❸ 준비된 잔에 오렌지 시럽 15ml를 부어준다.

❹ ❸에 에스프레소 1샷을 넣는다.

❺ ❹에 스팀 밀크를 부어 잔을 채운다.

TIP 오렌지의 하얀 심지는 쓴맛이 강하게 나니 즙을 낼 때 심지가 들어가지 않도록 유의한다.

바리스타 *Ahn*의
특별한 이야기 하나

생두, 로스팅, 그리고 블렌딩

세계를 뒤흔드는 농작물, 생두

우리가 '커피' 하면 흔히 생각하는 갈색의 커피콩은 로스팅 과정을 거친 것이다. 로스팅 되지 않은 커피를 보면 푸릇함이 그대로 남아 있는 단단한 콩 그대로인데, 이것을 '생두' 라고 부른다. 생두는 석유에 이어 세계무역량 2위를 차지하고 있다. 농장 근로자의 손에서 중간상인을 여럿 거쳐 우리에게 전달되기까지 전 세계 각지를 돌아다니며 여행하는 생두. 세계에서 가장 교역량이 많은 농작물인 생두에 대해 알아보자.

커피의 종류는 크게 아라비카^{Arabica}와 로부스타^{Robusta}로 크게 나눌 수 있다. 광고에 많이 나와 일반인에게도 유명해진 아라비카 종은 세계 생산량의 약 70~80%를 차지한다. 원산지는 에티오피아 고원지대이지만 현재는 중남미에서 많이 생산, 수출하고 있다. 가격은 로부스타 종에 비해 비싸지만 카페인 함유량이 로부스타 종의 절반 정도이며 맛과 향이 뛰어나 많은 사람들이 선호한다. 아라비카 종을 가장 많이 생산하는 나라는 커피생산대국인 브라질이다.

'튼튼한' 이라는 뜻을 가지고 있는 '로부스타' 는 이 커피나무가 더운 열대 기후의 어떤 토양에서도 잘 견디고 적응하기 때문에 붙여진 이름이다. 로부스타 종은

아라비카 종보다 가격이 저렴하여 주로 인스턴트커피의 원료로 많이 사용되고 있다. 로부스타 종의 주요 생산지는 동남아시아 지역인데 특히 베트남과 인도네시아는 로부스타 수출이 나라 경제에 막대한 영향을 미친다고 한다.

커피는 모두 적도를 중심으로 북회귀선과 남회귀선 사이의 좁은 아열대 지역에서 자란다. 세계지도를 펴고 이 지역을 따라 선을 그으면 띠 모양이 나타나는데 이를 '커피 벨트' 혹은 '커피 존'이라고도 부른다.

생두의 산지별 특징

라틴 아메리카

브라질 브라질에 비가 내리면 스타벅스 주식을 사라는 말이 있을 정도로 유명한 세계 최대 커피 생산국이다. 세계 커피 생산량의 30% 정도를 차지하고 있는 브라질 커피는 다른 커피와 잘 어울리는 중성적인 맛과 약간의 새콤함을 간직하고 있다. 주요 산지는 상파울루, 미나스제라이스, 에스피리투산투, 리우데자네이루 등이다.

콜롬비아 품질이 좋지 않은 로부스타 재배가 정책적으로 금지가 되어 있을 정도로 깐깐한 커피 대국. 덕분에 콜롬비아 커피는 아라비카 100%를 자랑한다. 그 중에서도 최상급 커피를 가리키는 이름인 '수프리모^{Supremo}'는 현재 커피 CF 등을 통해 우리나라 사람들에게도 많이 알려져 있다. 부드럽고 풍부한 맛과 강한 산미가 특징이다.

코스타리카 학교 방학이 커피 수확기에 맞춰 정해질 정도로 커피 의존도가 높은 나라인 코스타리카도 국가의 엄격한 품질관리 아래 커피 재배가 이루어진다. 상쾌한 신맛이 입안에서 부드럽게 퍼지며 고급 화이트 와인과 같은 뒷맛이 느껴지는 코스타리카 커피는 적절한 바디감과 꽃향기처럼 입에 남는 향기로운 맛이 일품이다.

과테말라 5,000~6,000피트에 이를 정도로 지대가 높고 화산지대가 많은 자연환경에서 재배된 과테말라 커피는 신맛, 감칠맛이 나며, 향이 뛰어나고 다른 커피보다 스모키^{Smoky}(연기가 타는 듯한 향)한 맛이 강하다. 전체적으로 부드러운 가운데 톡 쏘는 초콜릿 같은 달콤함을 가진 독특한 커피다.

자메이카 누구나 한번 쯤 들어봤을 '블루마운틴'이라는 커피가 바로 자메이카의 최고급 커피다. 자메이카는 섬의 산맥에서 주로 커피를 재배하는데, 이 커피는 부드러운 신맛과 단맛, 쓴맛 그리고 감칠맛 등, 커피의 모든 맛이 함께 어우러져 마치 블렌딩에 의하여 최고의 맛을 만들어 놓은 것과 같은 느낌을 준다. 부드럽게 혀에 닿는 매끄럽고 원만한 맛, 꽃과 같은 순한 향기로 유명하다.

하와이 크기에 따라 엑스트라 팬시$^{Extra\ Fancy}$, 팬시^{Fancy}, 프라임^{Prime} 등으로 분류되는 하와이 커피는 깨끗한 향미와 상쾌한 끝맛, 그리고 가벼운 바디감이 특징이다.

아프리카

에티오피아
커피의 원산지로 유명한 에티오피아는 하라Harrar, 예가체프 Yirgacheffe, 모카Mocha 등의 유명한 커피들을 생산하는 커피 강국이다. 아프리카 초원이 연상되는 부드러운 바디와 약간 달콤하면서도 잘 익은 과일의 상쾌한 신맛이 느껴지는 에티오피아 커피는 흡사 와인과도 같다는 평을 듣곤 한다.

탄자니아
세계적으로 손에 꼽는 산인 킬리만자로Kilimanjaro에서 생산되는 커피로 유명한 탄자니아 커피는 깊은 풍미에 강한 향, 상쾌함이 두드러진다. 생두의 크기에 따라 AA, A, B로 구분한다.

케냐
첫맛부터 쌉쌀하고 강렬한 케냐 커피는 아프리카의 거친 야생미가 느껴지는 커피다. 정부가 나서서 커피 품질을 관리하기 때문에 늘 안정적인 고른 맛을 볼 수 있다. 달콤한 과일 향, 뛰어난 산도, 그리고 특유의 쌉쌀한 풍미가 어우러진 아프리카의 대표적인 커피다.

아시아

인도네시아
질 좋은 아라비카와 싼 값의 로부스타를 나란히 재배하여 판매하는 나라다. 대량의 로부스타를 블렌드용으로 수출하는 한편 고급 아라비카는 적지만 최상급으로 재배하여 많은 사람들의 사랑을 받고 있다. 아라비카 종으로는 특히 달콤하면서도 시지 않은 만델린Mandheling 커피가 유명하다.

인도
다른 나라와 달리 인도의 커피는 특징이 크게 잡히지 않는다. 이는 인도에서 대중적인 맛을 겨냥한 커피를 생산하려고 노력하기 때문. 그 덕분에 커피 특유의 전형적인 신맛과 충만한 농밀함을 간직한 커피다운 커피맛을 느낄 수 있다.

베트남
값은 싸지만 질이 떨어지는 로부스타가 대세를 이룬다. 커피 생산량 만큼은 다른 나라에 뒤지지 않지만 대부분 인스턴트 커피, 혹은 블렌딩을 위한 저렴한 커피로 사용된다. 베트남은 농작물인 생두보다 연유를 섞어 달고 진하게 마시는 '베트남 식 커피'로 유명하다.

예멘
최초로 커피가 경작된 곳으로, 세계의 모든 커피는 예멘 커피에서 분화됐으며 예멘 커피는 전통의 커피 맛을 가장 잘 간직하고 있다. 예멘 모카 마타리Mocha Mattari는 '커피의 귀부인'이라 불리는 세계 명품커피로 적절한 신맛, 흙냄새와 초콜릿 향이 오묘하게 조화를 이루는 기품 있고 정교한 맛의 훌륭한 커피다.

로스팅, 커피에 영혼을 불어넣다

생두를 볶아 풍미 가득한 갈색 원두로 만드는 과정을 로스팅이라고 한다. 생두의 색은 로스팅하는 동안 연녹색에서 노란색으로, 그리고 갈색으로 변한다. 같은 커피라도 로스팅 정도나 로스팅 기간, 방법에 따라 전혀 다른 맛이 나므로 로스팅은 커피가 숨기고 있는 무한대의 가능성을 찾는 과정이라고도 할 수 있다.

로스팅 정도는 크게 강·중·약 세 가지로 나뉘는데 각 로스팅 정도에 따라 커피의 풍미가 달라진다. 일반적으로 로스팅이 약할수록 신맛이 강해지고 로스팅이 강할수록 쓴맛이 강해진다.

라이트 로스트
커피콩을 조금만 볶은 상태. 시나몬 색과 비슷한 연한 황갈색을 띤다. 로스팅 시간이 짧아 향이 약한 편이고 신맛이 강하다. 라이트 로스트는 커피콩의 오일이 배어나올 만큼 볶은 것이 아니라 표면에 오일이 없고 풋내가 난다. 에스프레소용으로는 부적합하지만 쉽게 상하지 않아 커피를 가공하여 수출할 때 많이 이용한다.

미디엄 로스트
밤색으로 로스팅한 상태를 뜻한다. 라이트 로스트보다 향이 진하고 약간의 신맛과 아주 엷은 쓴맛이 함께 난다. 연한 커피를 즐기는 미국인들이 선호해 아메리칸 로스트라고도 부른다. 미디엄 로스트에는 시티로스트, 블랙퍼스트 로스트 등이 있는데, 요즘은 이것보다 더 강하게 볶아 오일이 배어나온 풀시티 로스트를 선호하는 사람이 많다.

다크 로스트
진한 갈색에서 검은색에 가까운 색까지 나타난다. 강하게 오래 볶아 쓴맛이 신맛보다 강하고 단맛이 드러나며 향도 월등히 진하다. 다크 로스트는 프렌치 로스트, 이탈리안 로스트라고도 부르는데 이런 커피는 약간의 탄 냄새까지 배어 있어 풍미를 더한다. 프렌치라는 이름답게 유럽 사람들이 선호하는 로스팅이다.

최고의 맛을 찾는 과정, 블렌딩

커피는 쓴맛과 신맛이 적절히 조화되어 부드럽고 감칠맛이 나는 게 좋다. 하지만 모든 커피가 그런 맛을 낼 수 있는 것은 아니다. 커피원두는 품종마다 서로 다른 맛과 개성을 가지고 있으므로 한 가지만으로는 종합적인 맛을 즐길 수가 없다. 따라서 어떤 맛이 부족한 원두와 그 맛을 보강해줄 수 있는 원두를 섞는 배합 공정을 거치는데 이 과정을 블렌딩이라고 한다. 이를테면 쓴맛이 강한 원두에는 신맛이 강한 원두를, 신맛이 강한 원두에는 쓴맛의 원두를 섞어 균형 잡힌 맛을 창출해 내는 것이다. 일반적으로 커피 업체에서는 중성의 원두를 기초로 해서 신맛이나 쓴맛이 있는 원두를 섞어, 향기 좋고 감칠맛 나는 커피를 만들어 내는 과정을 거친다.

소비자들은 블렌딩 된 커피를 구입하는 것이 보통이지만 간혹 스트레이트, 즉 단종의 커피 원두를 여러 종류 구입하는 사람들도 있다. 최근 블렌딩에 대한 관심이 높아져 직접 자기만의 독특한 배합을 시도하는 사람이 늘어났기 때문이다. 블렌딩을 직접 할 경우 커피 구입비용은 더 들겠지만 새로운 맛을 창출할 수 있다는 장점이 있다.

아, 커피의 기막힌 맛이여,
수천번의 키스보다 황홀하고 마스카트의 술보다 달콤하네.

— 바흐 Johann Sebastian Bach 커피 칸타타 Schweigt stille,
  plaudert nicht 영창 일부

Coffee Story : III

커피는 연인과의 아찔한 첫키스다

커피, 러브레터를 대신하다

"커피 한 잔 하실까요?"

커피가 경작된 이래, 이 말은 인류에게 얼마나 많은 사연과 사랑의 역사를 만들어냈을까. 미국에서 부부 1만 쌍을 대상으로 "맨 처음 두 사람을 사랑에 빠뜨린 건 무엇이었나요?"라는 설문을 한 적이 있다. 그때 가장 많이 나온 대답이 바로 "커피 한 잔 하실까요?"였단다. 커피 한 잔의 위력은 실로 대단하지 않은가.

현대인만이 커피에 사랑을 실어 보낸다고 생각하면 오산이다. 이미 300여 년 전에 막강한 커피 스캔들이 있었으니. 주 무대는 바로 프랑스령 기아나. 때는 17세기 말, 한창 커피묘목 확보에 각국이 혈안이 되어 있을 시기였다. 커피가 세계적인 음료로 급부상하자 그때까지 커피종자를 확보하지 못한 나라들은 타국에 커피 스파이를 보내기에 이르렀다. 브라질도 그런 나라 중 하나였다. 커피묘목을 어떻게든 몰래 입수하려는 계획이 틀어져서 골머리를 앓던 브라질에 낭보가 하나 도착했다. 수리남과 프랑스령 기아나 사이에 국경 분쟁이 생겼으니 중재자를 좀 보내달라는 것. 브라질은 프란시스코 드 멜로 파레타라는 장교를 보내며 은밀히 커피묘목을 가져오라는 명을 내린다.

급히 파견된 중재자 프란시스코는 국경 분쟁을 잘 해결하여 각국의 신뢰를 얻었다. 자연스럽게 정계인사들과 친하게 지내게 된 프란시스코. 브라질이 콕 찍어 그를 보낸 데는 이유가 있었나 보다. 미남으로 소문난 그의 매력에 프랑스령 기아나 총독부인이 그만 마음을 빼앗기고 말았으니 말이다. 총독부인과 그는 남들의 눈을 피해 짧지만 짜릿한 밀회를 하며 사랑을 키워나갔다. 그러나 그는 가야만 할 사람이었고 그들의 사랑은 이루어질 수 없었다. 기한이 다 되어 프란시스코가 본국으로 돌아가게 되던 날, 총독은 그를 위해 작별 연회를 열어주었다. 영원히 그를 떠나보내야 했던 총독부인은 눈물을 삼키며 밤새 만든 아름다운 꽃다발을 그의 손에 쥐어 주었다. 꽃다발 속에는 브라질이 그토록 염원하던 커피 묘목이 숨어 있었다. 총독부인은 그가 가장 좋아할 만한 것을 위험을 무릅쓰고 아낌없이 내줬던 것이다. 그리고 그 덕분에 브라질과 콜롬비아에 커피가 전파되어 번성하기 시작했다.

현재 브라질과 콜롬비아는 커피 가격을 좌지우지하는 세계 최대의 커피 생산국이다. 그런 나라의 커피 역사가 바로 총독부인의 숨겨진 사랑에서 태동했다니, 무척이나 로맨틱하지 않은가.

첫사랑, 달콤쌉쌀한 추억

    그녀는 긴 생머리가 어울리는 청초한 사람이었다. 큰 눈망울로 나를 올려다볼 때면 두근대는 가슴에 나도 모르게 눈길을 피하곤 했다. 그러면 그녀는 살포시 웃고 찻잔을 어루만지며 말했다. 혁아, 다음에도 아프리카에서 보는 거지?

    갓 스무 살 무렵, 내 마음을 앗아간 그녀는 늘 '아프리카' 라는 카페를 고집했다. 또래 친구들이 잘 오지 않던 후미진 카페의 구석진 자리, 그곳이 우리의 공간이었다. 그 카페를 좋아했던 건 그녀였지만 정작 그 카페에 오래 머물렀던 건 나였다. 언제나 그녀가 오기 삼십 분 전에 가서 기다리곤 했으니까. 그녀가 올지 안 올지를 점치는 삼십 분의 유쾌한 긴장감이 좋았다. 가슴을 가득 채운 설렘이 넘칠 듯 말듯 목울대를 간질이는 느낌이 좋았다. 건널목 앞에서 멈춰서 신호를 기다리며 무료한 듯 발끝으로 땅을 툭툭 차는 그녀의 모습을 카페 유리창을 통해 훔쳐보는 것도 좋았다. 카페에 들어서는 경쾌한 발걸음이 나를 향한다고 생각하면 가슴에 헬륨이 들어차 몸이 둥둥 뜨는 기분이 들었다.

아늑한 흔들의자가 있는 아프리카는 그런 나와 그녀를 포근하게 안아주고 북돋아주었다. 그곳에 있으면 세상과는 동떨어진 제 3의 장소에 있는 것처럼 느껴졌다. 아프리카, 먼 나라의 아릿한 자유가 묻어나는 그 카페에서 우리는 서로를 알아나갔다. 미지의 부분을 감추고 있는 열대 원시림을 탐험하듯 서로를 탐색했고, 가끔은 조용히 서로를 바라보기만 했다. 언어가 빈자리는 카페 아프리카의 커피향이 채워주었다.

아메리카노요.

그녀의 주문은 늘 일정하다. 언젠가 왜 그것만 시키냐고 물으니 눈을 가늘게 뜨고 나를 똑바로 바라보며 대답했다.

난 뭐든지 너무 단 건 싫어. 금방 질리거든.

그녀와 조금이라도 같이 있고 싶어 하고, 그녀의 행복을 위해 노력했음에도 우리가 헤어짐에 이른 건…… 단 게 싫다는 그녀의 말을 단순한 커피 취향으로 받아들인 내 잘못이었는지도 모른다. 처음 맛보는 두근거림에 어쩔 줄 모르던 첫사랑, 달콤함에 취해 두 사람의 거리 조절에 실패한 씁쓸한 추억. 아프리카에 두고 온, 풋풋한 스무 살의 열병 같은.

준비중...

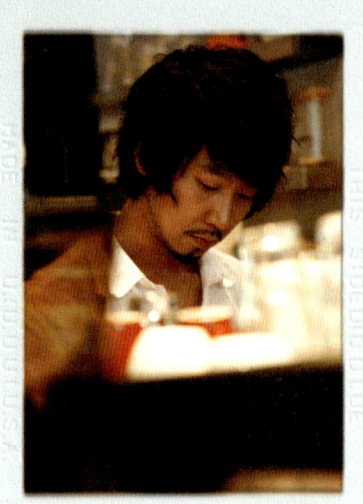

에스프레소 내리기...

스팀밀크 붓기...

하트라떼

사랑을 전하는 하트라떼

그때는 그녀를 위해 아메리카노를 주문하는 손님이던 내가, 이젠 바리스타가 되어 나와 같은 모습의 연인들에게 커피를 만들어준다. 카페에 있다 보면 많은 커플을 만날 수 있다. 부부같이 편안한 모습의 오래된 연인도 있고, 갓 시작하는 풋풋한 연인도 있다. 상기된 표정으로 연인을 위해 커피를 주문하는 남자들을 보면 그맘때의 내 생각이 나, 설핏 웃음이 나온다. 커피 한 잔에 사랑을 담아 그녀에게 건넬 남자의 마음이 생생하게 다가온다. 그래서 그런 커플의 커피를 내릴 때면 더 정성을 쏟게 되나 보다.

커피는 카페라는 공간에서 판매되고, 카페는 수많은 인연과 이야기가 들고나는 곳이다. 크리스마스나 밸런타인데이가 되면 카페가 사랑의 공간이라는 게 몸으로 다가온다. 사방을 채우는 커플을 보면 새삼 내가 무슨 일을 하는지를 깨닫게 된다고나 할까. 특히 우유로 커피에 그림을 그리는 라떼아트에 소질이 있는 나는 이런 날 제일 바쁜 바리스타가 된다. 여기저기서 나를 불러 하트를 그려 달라 난리다.

그 날도 그렇게 불려 다니느라 바쁜 밸런타인데이였다. 잔에 하트를 만들고 있는 나를 누군가 조심스레 부르는 소리가 들렸다.

"저, 저기요······."

고개를 들고 바라보자, 내 앞에 있는 건 갓 스무 살 남짓 된 풋풋한 청년. 밖이 추워서인지, 아니면 다른 이유에선지 볼이 발그레한 그는 찻잔에 새긴 하트를 보면서 말을 이었다.

"아까부터 봤는데······. 하트가 정말 예쁘더라고요. 저도 좋아하는 여자와 함께 왔는데······."

조심스레 말을 이어가는 그를 보면서 왜 나는 카페 아프리카에서 그녀를 기다리던 내가 생각이 난 걸까.

"저 뒤에 있는 여자 분이에요. 제가 좋아하는 사람……. 예쁘죠? 밸런타인데이인 오늘, 절 만나준다고 해서 무척 고마웠거든요."

그가 가리키는 곳을 보았다. 무심하게 창밖을 바라보고 있는 긴 생머리의 새치름한 여인. 마치 예전의 그녀 같은 모습.

"오늘 그녀에게 사랑을 고백하려고 해요. 제게도 하트가 그려져 있는 커피 좀 만들어주시면 안 될까요?"

예전의 나를 닮은 그의 말에 나는 아찔한 기시감을 느꼈다. 너무나 달콤한 그의 사랑, 그리고 그걸 부담스러워하는 여인. 나는 짐짓 아무것도 모른 체하며 커피를 캔버스 삼아 세상에서 가장 예쁜 우윳빛 하트를 그렸다. 내 손짓 몇 번에 하얀 우유가 씁쓸한 커피를 부드럽게 채우며 찻잔 위에 사랑의 시그널을 그린다. 그녀는 이 신호를 받아들일까. 결코 달콤하지만은 않은 삶의 와중에서도 우유처럼 부드럽게 그녀를 사랑하겠다는 그의 마음을 받아줄까.

아웃 오브 아프리카

　첫사랑의 기억은 언제나 아련하다. 그 당시에는 사랑인지도 몰랐지만 돌아보면 아, 이게 사랑이구나 싶은 감정들. 터져 버릴 것만 같은 열정과 서툰 몸짓들. 그리고 아픈 첫 실연. 나만이 겪는 것 같지만 사실 누구나 겪는 일들.
　언젠가 우연히 예전에 그녀와 함께였던 곳을 거닐게 된 적이 있다. 다른 것들은 다 바뀌었는데, 카페 '아프리카' 만은 그 자리에 그대로 머물고 있었다. 시선이 나도 모르게 '아프리카'에 박혔다. 아, 저기였지. 그녀와 함께였던 곳이. 다시 들어가 볼까, 하다가 돌아섰다. 첫사랑의 기억은 그냥 그렇게 추억으로 남겨두고 싶었다. 그곳이 영원히 그녀와 나만의 '아프리카'로 남기를 바라며.
　지금도 많은 연인들이 카페에서 커피를 사이에 두고 사랑을 시작하고 있겠지. 나의 첫사랑이 카페에서 시작되었던 것처럼. 부디 그대들의 사연은 해피엔딩을 맞기를.

Recipe

사랑보다 달콤한 커피,
캐러멜 마끼아또

달콤한 커피의 대명사로 불리며 많은 여성들에게 사랑 받는 이 커피는 라떼 마끼아또라는 메뉴에 캐러멜 시럽을 첨가하여 만든 것이다.
마끼아또라는 말은 이탈리아어로 '점찍다', '얼룩지다' 라는 의미를 가졌다. 따라서 어원으로 풀이하자면 라떼 마끼아또는 우유 위에 점을 찍듯 커피를 부은 것을 뜻하고, 캐러멜 마끼아또는 거기에 캐러멜 시럽이 들어간 것을 의미한다. 커피의 쓴맛이 느껴지지 않을 정도로 한없이 달콤한 캐러멜 마끼아또. 사랑에 빠진 사람들이 즐기기에 적격인 커피가 아닐까.

(1잔 분량) 에스프레소 1샷(30ml), 스팀 밀크 180ml, 캐러멜 시럽 15ml

❶ 설준비된 잔에 캐러멜 시럽 15ml를 붓는다.
❷ ❶에 스팀 밀크를 부어 잔의 8부까지 채운다.
❸ ❷에 에스프레소 1샷을 부어준다.
❹ 캐러멜 소스로 커피 위를 장식하면 완성.

TIP
캐러멜 마끼아또를 마실 때는 시럽이 커피, 우유와 섞이도록 잘 저어준 후 마시는 게 좋다.

내가 좋아하는 것은 향기다.
집 근처에서 커피콩을 볶을 때면
나는 서둘러 창문을 열어 그 향기를 모두 받아들인다.
- 장 자크 루소 *Jean-Jacques Rousseau*

Coffee Story : IV

Ahn,
바리스타가 되기로 결심하다

바리스타, 세상을 들다

바리스타 즉, 커피를 만드는 사람은 늘 커피의 역사와 함께했다. 바리스타의 의미를 한 잔의 커피를 내오는 사람이라고 한다면 최초의 바리스타는 커피의 기원과 동등하게 에티오피아에서 탄생했을 것이다. 하지만 현재 널리 통용되는 의미로서의 바리스타는 그것과는 조금 다르다. 좋은 원두를 선택하고 머신을 잘 사용하며 커피의 모든 점을 알고 카페에서 커피를 내리는 사람을 우리는 바리스타라고 부른다. 그럼 바리스타의 역사는 언제부터일까.

지금 우리가 생각하는 의미의 바리스타의 역사는 이탈리아에서 시작된다. 바리스타의 어원은 이탈리아어로 '바Bar 안에서 만든다'라는 뜻을 지니고 있다. 그때부터 커피 만드는 사람들은 지금처럼 사람들이 보는 앞에서 주문을 받고 커피를 내갔던 모양이다. 유럽 최초의 커피하우스는 1645년 이탈리아 베네치아에서 탄생했다. 당연히 유럽 최초의 바리스타는 1645년 이탈리아에서 탄생했을 것이다. 하지만 여러 바리스타 중에서 역사적으로 가장 유명한 바리스타는 이탈리아가 아니라 시칠리아 출신의 시종인 '파스카 로제'가 아닐까 싶다.

영국 런던에 생긴 최초의 커피하우스 주인이었던 파스카 로제는 우연한 계기에 엉뚱하게 바리스타의 길로 접어든 인물이다. 상인인 다니엘 에드워즈라는 사람을 보필하던 시종이던 그는 매일 아침 다니엘에게 커피를 끓여주는 걸로 하루를 시작했다고 한다. 그런데 이 광경을 본 다니엘의 친구들이 이국적 음료인 커피에 대해 상세히 묻기 시작했나 보다. 검은 구정물처럼 보이는 커피를 처음 접했으니 궁금하지 않았겠는가. 처음엔 다니엘도 우쭐해서 이것저것 많이 설명해줬다. 하지만 매일 아침 이 화제로 반나절을 허비하게 된 게 문제였다. 만사가 귀찮아진 다니엘은 아예 로제에게 커피가게를 열어주며 "네 갈 길 가라" 해버렸단다. 통 큰 사나이 다니엘 덕분에 커피하우스 주인이 된 로제는 늘 하던 일로 사람들에게 관심을 받게 되었다.

    로제가 런던에 뿌린 '커피하우스'라는 씨앗은, 시민들의 열화와 같은 지지에 힘입어 런던을 커피하우스의 도시로 만들었다. 그리고 그 커피하우스에서 세계무역 실무가 이루어졌고 급기야는 세계 최대의 보험회사 로이드가 탄생하기도 했다. 게다가 커피하우스에서 꽃핀 대중들의 의견은 '여론'이라는 새로운 권력을 만들어내기에 이른다. 이쯤 되면 파스카 로제의 커피하우스가 한 나라의 경제와 정치의 판도를 바꾸어 놓았다고도 볼 수 있지 않을까. 한 사람의 바리스타가 만들어낸 흐름 치고는 참으로 거대한 결과가 아닌가 싶다. 바리스타의 역사에 있어서 파스카 로제는 잊을 수 없는, 아니 잊어서는 안 되는 인물이다.

바리스타, 우연처럼 다가온 운명

사람들은 바리스타라고 하면 늘 커피향을 맡고 자라고, 커피와 가까웠을 거라고 생각한다. 사실 그렇지는 않다. 나도 20대 초반까지는 카페모카, 캐러멜 라떼 같은 이름을 기억하지도 못했을 뿐더러 그다지 즐기지도 않았다. 다른 남자들처럼 커피 자체에 그다지 큰 매력을 느끼지 못했던 것이다. 그러니 커피와는 평생 인연 없이 살 거라고 생각한 건 당연한 일이었다.

그러던 나에게 커피와의 인연을 시작하게 된 결정적인 순간이 있었다. 여느 날처럼 비가 부슬부슬 오던 어느 날, 어머니는 갓 끓여 김이 모락모락 올라오는 커피 한 잔을 손에 들고 창가에 앉아 계셨다. 곁에서 책을 읽으며 앉아 있던 내게 어머니는 조심스럽게 한 마디를 건네셨다.

"혁아…… 너 혹시 바리스타라는 거, 들어봤니?"

바리스타? 처음 듣는 말이었다.

"커피로 삶을 만들어나가는 사람이란다. 커피의 차분하고 부드러운 성품이 꼭 널 닮았어. 때론 씁쓸하다가도 또 때론 달콤한 것까지 말이다……."

잠깐 동안의 대화였지만, 그 후 바리스타란 말은 한동안 내 머릿속에 계속 맴돌았다. 지금껏 한 번도 생각해보지 못한 '커피'라는 것. 그리고 커피를 만들어주는 사람, 늘 커피와 함께 있는 사람, 커피에 대해 알고, 커피를 사랑하고, 커피를 즐길 줄 아는 사람, '바리스타'. 어머니의 찻잔 속에 늘 피어오르던 그 하얀 연기 속 부드러운 향이 그렇게 다양한 맛과 모습을 가진 것인 줄은 그 후에야 알게 되었다.

바리스타는 호기심을 갖게 되면 깊이 파고드는 나의 성향에 잘 맞는 길이었다. 아마 어머니는 그런 나를 누구보다 잘 알기에 하신 말씀이리라. 탄자니아, 모카, 블루마운틴…… 그 전까지만 해도 모두 같아만 보였던 작고 까만 알갱이들이 이젠 내게 전혀 새롭고 다른 것으로 다가오기 시작했다.

파스카 로제는 읊조렸을 것이다. "아주 작은 우연이 내 모든 운명을 결정지었다"고. 나또한 어느 비 오는 날의 짧은 대화 한 토막이, 그동안 달려왔던 내 삶을 전혀 다른 방향으로 날 이끌어가고 있었다. 그리고 그 길은 결국, 온전히 내 편이 되리란 걸, 나는 확신했다.

대한민국 최초의 바리스타 대학생

국내 최초로 생긴 바리스타학과에 1기로 들어갔던 나와 동기들은 거의 모든 행동을 '최초' 타이틀을 내걸고 할 수밖에 없었다. 바리스타학과 자체가 처음이라 커피업계에서 많은 관심을 집중시키고 있었고 주변의 시선은 언제나 기대감과 불신감이 공존했다. 학과 수업 체제도 완전히 자리 잡히기 전이라 언제나 불안 요소는 존재했고, 미래 또한 불투명하게만 보였다. 실정이 이렇다보니 당사자인 학생들도 막연한 불안감을 갖고 시작할 수밖에 없었다. 사랑과 불안은 숨길 수 없다더니, 우리의 불안한 마음이 교수님에게도 전해졌나 보다.

"바리스타가 되려면 뭐가 제일 중요한 지 알아? '커피라면 미쳐버릴 수도 있다'는 마음가짐이야. 2년 이라는 시간만큼은 커피를 애인 삼아 미쳐봐라. 2년이나 연애하면 나중에 실연하더라도 얻는 게 있지 않겠어?"

농담이었지만 뼈 있는 일침이었다. 삶의 모든 것을 쏟아 붓는 열정적인 연애처럼 무언가를 마주해서 안 되는 일은 없을 테니까. 늘 애인처럼 조심스레 커피를 살피는 자세야 더 말할 것도 없겠다.

그 후로 우리는 서로 모이면 커피 얘기만 하고, 시도 때도 없이 카페 탐방을 다녔다. 점심 식사만 마치면 늘 누군가가 운을 띄웠다.

"커피 한 잔 어때?"

그 말은 곧 실습실에서 직접 커피를 만들어 먹자는 말이었다. 그 질문에 싫다는 말이 나온 적은, 내 기억으론 한 번도 없다. 다들 곧장 실습실에 가서 그날 배운 커피를 만들고 조금씩 음미하며 즐겼다. 성질 급한 동기가 급하게 볶아 조금 탄 듯한 맛의 아메리카노, 여유로움이 지나친 친구가 굵게 그라인딩한 커피로 내려 싱거운 에스프레소, 늘 고민 많던 후배가 만든 한쪽 거품이 찌그러진 카푸치노. 그때 마신 커피들은 모두 조금씩 흠이 있었지만 만든 사람을 닮아 있는 만큼 사랑스러운 맛이 났다.

커피 삼매경에 밤낮없이 달리며 커피 맛을 알리고 에스프레소만 하루에 몇십 잔씩 마셨던 날도 있었다. 진한 에스프레소를 목 끝까지 수차례 넘기며 맛을 음미하려 노력한 날엔 카페인 중독으로 잠도 안 왔다. 잠자리에서 뒤척이다 「에스프레소에 중독됐나봐. 잠이 안 온다」하고 동기에게 문자를 보내면 「혁아, 나도 잠이 안 와」라는 답문이 되돌아왔다. 그런 밤을 몇 차례나 지낸 후에야 점차 혀끝은 커피에 민감해지고, 오묘한 맛을 기억하게 되었다.

우리는 모두 그렇게 커피를 사랑하며 열심히 내달렸다. 아마도 '한국 최초'라는 타이틀과 교수님의 '연애론'이 우리를 채찍질한 덕분일 게다. 처음이었기 때문에 더 어려운 점도 많았지만, 오히려 열정적으로 매달릴 수 있었기도 하다. 이 길을 선택하길 잘했다고 느낀 건, 첫 시합을 나갔을 때도, 첫 우승을 했을 때도 아니다. 동기들과 함께 에스프레소를 뽑던 그 순간, 라떼아트랍시고 깨진 하트를 그려놓고 다 같이 웃음 지었던 그 순간, 나는 바리스타이길 희망했고 바리스타의 길을 걷는 것이 즐거웠다.

바리스타 *Ahn*의 첫 손님,
커피향에 취하다

바리스타학과에 들어가 꿈을 키우던 5월의 따뜻한 봄, 나는 학교에서 쓰는 생두를 집으로 가져왔다. 그리고 조용히 주방으로 들어가 프라이팬을 달구고 커피를 부어 볶기 시작했다. 나를 바리스타로 이끈 분, 내 바리스타 역사에 있어서 가장 중요한 인물인 어머니께 완벽한 커피 한 잔을 뽑아드리기 위한 준비였다. 분말로 만들어진 커피는 드리고 싶지 않았다. 내가 직접 생두부터 볶고 갈아서 한 잔의 완전한 커피를 내드리고 싶었다. 내 새로운 미래를 열어주신 어머니에게는 최대한 예의를 갖춰야 했으니까.

집에서 볶는 것은 처음이었지만 정성을 기울여서 그런지 로스팅 상태는 완벽에 가까웠다. 고소한 냄새를 풍기는 커피콩은 약간의 오일이 배어나와 탐스럽게 보이기까지 했다. 갓 로스팅한 커피를 조심스레 덜어 즉석에서 곱게 갈았다. 부드럽게 갈린 가루를 모카포트에 채워 넣고 에스프레소를 추출하는 동안 어머니는 조용히 곁에서 지켜보기만 하셨다. 진하게 우려진 에스프레소에 물을 약간 타서 아메리카노로 만들어 어머니께 드렸다. 웃으며 잔을 받은 어머니는 머그잔에 한참 동안이나 코를 박고 커피향을 즐기기만 했다. 그러다 한 모금 마시더니 눈을 동그랗게 뜨며 하시는 말씀.

"혁아, 원두커피가 이렇게 맛있는 거였니?"

어머니의 반응을 보고 나도 조심스럽게 한 모금을 마셔 보았다. 감미로운 커피향이 코끝을 스치고 깊은 맛이 입안을 감돌았다. 늘 학교에서 마시던 그 커피가 맞는지 의심스러울 정도로 풍미가 깊었다. 그때는 갓 로스팅한 덕분이라 여겼지만, 지금 다시 생각해보니 그것이 내 바리스타로서 첫 손님에게 내놓는 첫 작품이라서 더 민감하게 느끼지 않았나 한다. 그러나 설사 환상이라 할지라도, 그때의 강렬하던 아로마와 맛은 과장된 그대로의 생생한 감각으로 남겨 두고 싶다. 그것이 첫 작품에 대한 예의일지도 모르니까.

국가대표 바리스타, *Ahn*

Recipe

Ahn 이 처음 만들었던 커피,
아메리카노

바리스타로 첫 걸음을 떼던 시절, 내가 제일 먼저 만든 커피는 직접 로스팅한 원두로 만든 아메리카노였다.

아메리카노는 모든 사람들이 가볍게 즐길 수 있는 간단한 커피이다. 유럽에 온 미국인들이 에스프레소가 너무 쓰다며 물을 타달라는 경우가 많아지자 유럽의 바리스타들이 아예 물 탄 커피를 만들어 '아메리카노' 라고 했다고 한다. 아메리카노는 칼로리가 낮고 모든 음식과 잘 어울려 많은 사람들에게 사랑받는 메뉴다.

Americano

(1잔 분량) 에스프레소 1샷(30ml), 뜨거운 물 150ml

❶ 잔에 에스프레소 1샷을 붓는다.
❷ ❶에 80~85℃의 물을 150ml 넣으면 완성.

TIP 기호에 따라 뜨거운 물의 양을 조절할 수 있으니 물의 분량에 너무 신경 쓰지 말 것!

...WING

BRAZIL
브라질

COLOMBIA
콜롬비아   4.0

GUATEMALA
과테말라   4.5

INDONESIA
인도네시아   4.

COSTA RICA
코스타리카   4.

ETHIOPIA
에디오피아   5

KENYA
케냐   5

ALCOHOL COFFEE

IRISH
아이리쉬 커피

KAHLUA   6.0
깔루아 커피

LATTE MARTINI   6.0
라떼 마티니

운명과도 같은 커피와의 만남…

바리스타 Ahn의
특별한 이야기 둘

여러 가지 커피 추출법

    현재는 에스프레소 머신 추출이 일반적인 추출법으로 자리 잡았지만, 사실 커피를 추출하는 방법은 무척이나 다양하다. 아주 오래 전부터 커피를 마셨던 지역에서는 커피를 갈아 물을 타 마시거나 커피를 달여 마시는 등 여러 가지 방법을 써 왔다. 또 현대로 들어서면서 커피를 사랑하는 많은 사람들이 새롭게 기구를 만들어 커피의 맛을 한층 다양하게 즐기기도 했다. 그 중 달이기, 우려내기, 여과하기, 압력을 주기 등의 대표적인 몇 가지 방법은 많은 사람들의 사랑을 받아 고유한 커피 추출법으로 정착하기도 했다.

    추출법이 다양한 만큼 그 특징과 맛도 무척이나 다양하다. 어떤 추출법은 신맛이 강조되고 어떤 추출법은 무카페인 커피를 만들어내기도 한다. 그러므로 커피 원두가 가진 고유의 향과 맛을 잘 살리려면, 원두의 성격에 맞는 추출법을 선택해야 한다. 원두의 특징을 잘 이끌어줄 추출 방법을 선택하면 원두가 가지고 있던 장점이 두 배로 커지지만, 잘못 선택하면 원두가 가지고 있던 특징적인 향미를 느끼지 못할 수 있기 때문이다. 에스프레소로 이용하기에 적합하지 않고 맛이 없었던 커피가 핸드 드립으로 추출하면 향긋하고 풍미가 깊을 수도 있다. 또, 강렬하고 묵직한 커피는 프렌치 프레스 방법으로 그 개성을 한껏 드러내 줄 수 있다. 추출법은 이미 로스팅 된 커피를 재탄생시키는 일이라고 볼 수도 있을 것이다.

추출 기구를 선택했다면 원두의 성격과 추출 기구의 조합을 생각해서 그에 딱 맞는 굵기로 커피를 갈아야 한다. 그라인더를 이용하여 향미를 품고 있는 원두를 곱게 분쇄하여 표면적을 넓히는 작업인 그라인딩Grinding은 커피 추출 직전에 해야 최상의 커피 풍미를 즐길 수 있다. 분쇄에서 가장 중요한 점은 추출 기구의 종류에 따른 커피 가루의 굵기 조절이다. 사용하는 추출 기구의 특성과 기능에 알맞은 굵기라야 맛있는 커피를 만들 수가 있다. 원리는 간단하다. 추출시간이 길수록 커피를 굵고 거칠게 갈아야 하고, 추출시간이 짧을수록 곱게 갈아야 한다는 것이다. 그러나 실제로 커피를 추출해보면 그렇게 간단하지 않다는 걸 금방 알게 된다. 전문적으로 커피를 다루는 바리스타들도 커피 가루의 굵기에 관한 감각은 반복적인 경험을 통해 익히곤 한다.

추출 도구와 그라인딩 정도에 따라 같은 커피콩이라도 맛이 확연히 달라질 수 있으므로, 커피의 특징을 잘 파악하고 거기에 맞는 추출 도구를 고르며 제대로 된 굵기로 가는 것은 바리스타라면 꼭 길러야 할 능력이기도 하다. 이 책에서는 가장 대표적인 커피 추출법 다섯 가지를 꼽아 보았다. 이 다섯 가지만 알아도 커피 원두를 받아들었을 때 여러 가지로 응용하여 다양한 맛을 즐길 수 있을 것이다. 커피 추출법의 기본기를 다져 커피의 맛을 그리는 능력을 키워보자.

날마다 달라지는 커피의 맛, 핸드 드립

　흔히 '드립커피'로 불리는 핸드 드립은 간단하고 쉬워 누구나 시도할 수 있는 추출법이다. 이 추출법은 맛의 가변폭이 넓은 게 특징인데 커피 가루의 굵기, 물의 양, 물을 붓는 속도에 따라 맛이 확연하게 달라지는 것을 느낄 수 있다. 똑같은 방식으로 내려도 날씨나 내리는 사람의 컨디션에 따라 늘 미묘하게 맛이 달라지는 묘미가 있어 커피 마니아들에게 인기가 높다.

❶ 여과지가 드립퍼에 정확히 밀착되도록 한다.
❷ 분량의 커피 가루를 담고 살짝 흔들어 평평하게 만든다.
 (1인분 10g, 2인분 18g, 3인분 25g, 4인분 33g)
❸ 92℃ 정도의 더운 물을 포트에 담아 가는 줄기로 중심부터 달팽이 모양을 그리며 전체적으로 적셔준다. 물은 3~4cm 높이에서 수직으로 붓는다.
❹ 커피가 부풀어 오르는 시간인 25초 정도의 뜸을 들인다.

옛 방식 그대로,
터키시 커피

　예부터 터키를 위시한 아랍에서는 '이브릭'이라 불리는 커피 주전자에 커피 가루와 물을 섞어 달여 마시는 습관이 있었다. 터키시 커피는 바로 그 옛 방식 그대로 커피를 만들어낸다. 어찌 보면 원시적이기까지 이 방법은 다른 어떤 추출법보다 농도가 짙고 걸쭉한 커피를 만들어내는데, 이 맛에 중독되면 다른 커피는 싱겁게 느껴질 정도다. 옛날에는 터키시 커피를 다 마신 후 컵 받침에 남은 커피 찌꺼기의 무늬를 통해 커피점을 쳤다고 한다.

❶ 곱게 간 원두 8g을 이브릭 안에 넣고 80ml의 찬물과 약간의 설탕을 함께 넣는다.
❷ 커피가 담긴 이브릭을 중불에 가열한다.
❸ 커피 거품이 끓어오르면 불에서 떼고 천천히 저어주는 과정을 두 번 반복한다.
❹ 찌꺼기까지 잔에 따른 후 2분 정도 기다려 위에 뜬 커피 가루가 가라앉으면 마신다.

깊고 묵직한 커피,
프렌치 프레스

    이탈리아에서 개발됐으나 프랑스에서 더 많은 사랑을 받아 '프렌치'라는 명칭을 얻은 프렌치 프레스는 전체 혼합액에서 커피 찌꺼기만 분리하는 세련된 방식의 추출법이다. 프렌치 프레스로 추출한 커피는 묵직하고 일반 드립식보다 농밀한 맛이 나는데, 그 깊고 거친 맛은 필터 커피의 은은한 향미를 압도할 정도다. 거친 커피의 맛을 선호하는 커피 애호가들 중에는 프렌치 프레스에 열광하는 사람이 많다.

❶ 커버와 플런저를 완전히 오픈하여 굵게 분쇄한 10~12g 정도의 커피를 넣는다.
❷ 끓는 물을 200㎖(용기의 3/4 정도) 부은 후 커버를 덮는다.
❸ 약 3분이 지나면 레버를 끝까지 천천히 눌러 찌꺼기를 분리한다.
❹ 찌꺼기를 고려하여 150㎖ 정도만 잔에 담아 마신다.

대중적 에스프레소 머신,
모카포트

    가정용 에스프레소 머신으로 널리 알려진 모카포트는 압력을 이용하여 커피를 추출하는 기구이다. 모카포트라는 이름은 1933년 비알레티사가 출시한 '모카 익스프레스'에서 유래됐다. 마치 투명테이프를 '스카치테이프'라고 부르는 것처럼, 영어권에서는 모카포트를 제품명인 '모카 익스프레스'라고 부르고 있다. 모카포트는 기계식 에스프레소 머신보다 압력이 낮은 편이기는 하지만 가격이 저렴하고 그 구조가 단순하여 커피를 좋아하는 일반인들에게 많은 사랑을 받고 있다.

❶ 모카포트를 분리해 하단의 표시선까지 물을 붓는다.
❷ 바스켓필터에 곱게 간 커피를 평평하게 담고 살짝 누른다.
❸ 상단과 하단을 돌려 합체한 후 약한 중불에 올린다.
❹ 달달거리는 소리를 내며 끓다가 살짝 넘치면 불을 끄고 커피를 잔에 따른다.

차가운 천사의 눈물, 더치커피

　더치커피는 일명 '천사의 눈물'로 불리는 워터 드립 커피다. 상온의 생수를 한 방울 한 방울 떨어뜨려 추출하는 방식으로, 설탕이나 포도주 등을 넣어 마시면 그 향미를 더 진하게 느낄 수 있다. 끓는 물을 통과시키지 않고 처음부터 찬물을 이용하므로, 뜨거운 물에만 녹는 카페인은 전혀 추출되지 않는다. 네덜란드 상인들이 인도네시아에서 커피를 운반해가는 과정에서 오랫동안 커피를 보관해서 마실 수 없을까 하다가 고안해냈다는 재미있는 역사가 숨어 있기도 하다.
　원래 더치커피를 만드는 방법이 따로 있지만, 여기서는 집에서 만들기 간편한 방법을 소개한다.

① 굵게 간 커피 30g을 준비된 용기에 넣는다.
② 물 300ml를 부어준다.
③ 밀폐한 후 12시간 이상 냉장 보관한다.

Coffee Story : V
'커피'라는
또 다른 예술의 세계

커피를 마실 때가 정말 좋다. 생각할 시간을 주기 때문이다.
그것은 음료 이상이며, 일어나고 있는 어떤 현상이다.
커피는 시간을 주지만, 그러나 물리적인 시간을 말하는 것이 아니라
본연의 자신이 될 수 있는 기회를 준다는 의미다.
그러므로 한 잔 더 마시기를!

— 거트루드 스타인 Gertrude Stein

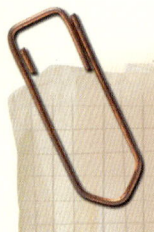

커피를 사랑한 예술가들

1670년 즈음, 함부르크에 최초의 커피하우스가 생긴 이래, 독일은 유럽의 커피 문화를 주도해왔다. 심지어는 〈커피 칸타타〉가 탄생하기도 했는데, 당대 최고의 음악가였던 바흐Johann Sebastian Bach가 작곡해 화제가 되었다. 커피에 빠져 지내는 딸 리스헨과 그것을 못마땅하게 여기는 아버지의 이야기를 담은 〈커피 칸타타〉는 당시 독일의 커피 신드롬을 유머러스하게 풍자하고 있다.

이 고약한 놈, 이 말괄량이 딸아
아, 언제 철이 들어 내 말대로 커피를 안 마시겠느냐

아버님, 너무 엄하게 말씀 마세요!
만약에 하루 세 번 커피를 못 마시게 된다면,
그야말로 괴로워서 바싹 마른 양고기처럼 말라비틀어질 거예요

위의 가사는 아버지와 딸이 커피로 설전을 벌이는 부분이다. 아버지의 엄포가 무서울 법도 한데 그녀는 절대 자신의 의사를 굽히지 않는다. 심지어는 이렇게 혼났는데도 아랑곳하지 않고 커피를 예찬하는 부분도 있

다. 리스헨이 커피를 찬양하기에 이르자 그녀의 아버지는 커피를 끊지 않으면 시집을 보내지 않겠다고 선언을 해버린다. 리스헨은 일단 커피를 끊고 결혼하기로 하되 커피를 좋아하는 신랑감을 찾기로 결심한다.

이상이 〈커피 칸타타〉 대강의 줄거리이다. 이 노래가 만들어졌을 무렵, 상업도시 라이프치히의 젊은이들 사이에서는 커피가 대유행이었다. 기성세대들은 새로운 음료의 유행에 얼굴을 찌푸렸고 의사들은 커피가 불임을 유발한다느니, 피부가 검어진다느니 여러 이유를 대며 커피 음용을 반대했다. 하지만 젊은이들은 리스헨처럼 그런 말을 귓등으로도 듣지 않았고 커피는 가장 '핫'한 음료로 떠오르게 된다.

프랑스에서는 예술가들이 커피하우스를 많이 찾았다. 파리 북쪽 교외에 있는 몽마르뜨 주변 커피하우스에는 치솟는 집값 때문에 시내에서 밀려난 가난한 예술가들이 몰려들었다고 한다. 카페 '라 팡 아지르'에는 르누아르와 피카소가 진을 치고 있었고, '르 두오 마고'에는 사르트르와 보봐르가 매일 들렀다고 한다. 에디트 피아프, 헤밍웨이도 '르 두오 마고'의 단골이었다고 하니 커피하우스가 문화의 산실이라는 말도 허황된 말이 아닌 듯싶다.

숀 코네리와 만델린 커피

한때 배우의 길을 꿈꿨던 적이 있어서인지 영화를 볼 때면 나도 모르게 진지해진다. 그 역할을 연기하는 배우의 모습을 유심히 지켜보고, 나라면 어떻게 했을지도 생각해본다. 그런 내게 가장 멋진 배우는 바로 '숀 코네리'. 연기를 처음 시작했을 때부터 바리스타가 된 지금까지 숀 코네리는 나의 우상으로 남아 있다. 연기 연습을 한창 할 때 본받아야 할 커다란 존재였던 그는, 지금 내게 평생의 롤 모델로 삼고 싶은 사람으로 남았다. 엄격한 자기관리로 이루어진 그의 탄탄한 몸과 살아갈수록 깊이를 더해가는 중후함이 무척이나 매력적으로 느껴진다.

커피로 치면 그는 만델린Mandheling 같은 사람이다. 쓴맛이 무척이나 강하고 진한 만델린 커피는, 커피 문외한도 몇 번만 마시면 쉽게 알아맞히기로 유명한 커피다. 아주 독특한 인상을 가져, 다른 커피와 블렌딩을 해도 확연하게 자기주장을 하는 강렬한 만델린. 개성 강한 만델린은 그 때문에 호불호가 급격하게 나뉘기도 한다. 만델린을 좋아하는 사람들은 씁쓸하고 중후한 바디감과 여운이 남는 뒷맛에 찬사를 보낸다. 강하게 로스팅해도 고유의 맛을 잃지 않을 정도로 진한 만델린의 특성이 그들을 사로잡은 것이다. 반대로 싫어하는 사람들은 바로 그 묵직하고 강렬한 느낌 때문에 만델린을 거북하게 여긴다. 하지만 싫어할지언정, 만델린을 인식하지 못하는 사람은 존재하지 않는다.

마치 만델린처럼, 존재감 하나만으로 이슈가 될 수 있는 숀 코네리의 매력이, 나는 무척이나 멋지게 느껴진다. 꼭 배우가 아니더라도 숀 코네리처럼 자기만의 스타일이 확실한 사람이 되는 게 나의 목표일 정도니, 카페에 배경음악이 아니라 배경영화가 있다면 난 아마도 매일 '007 시리즈'를 틀어맬지도 모른다. 그나마 좋아하는 음악은 또 따로 있으니 불행 중 다행이랄까.

감미로운 배경음악, 자미로콰이

카페에는 늘 음악이 흐른다. 커피와, 혹은 그날그날의 날씨와 어울리는 음악은 카페를 찾는 손님들에게 편안함과 위안을 선물하기도 한다. 음악을 선곡하는 능력 또한 바리스타의 역량이다. 커피가 채워주지 못하는 감성을 메워주는 음악을 찾는 것은 그래서 바리스타의 주 업무이기도 하다.

바리스타가 되기 전부터 여러 음악을 즐겼지만, 그 중에서도 라운지 음악이 그렇게도 좋았다. 감성적이지만 늘어지지 않았고, 몽환적이지만 무턱대고 흐드러지지 않는, 절제미 있는 라운지 음악. 드러내놓고 울어버리는 신파도 아닌, 그렇다고 위악적으로 강함만 내세우는 것도 아닌 자연스러운 감성이 마음에 쏙 든다. 다행히 라운지 음악은 카페의 분위기와도 잘 맞는 편이라 몇 년간 계속 라운지 음악만 틀어댔을 정도다. 부드러운 울림으로 매장을 가득 채우는 이 음악은, 신기하게도 그다지 질리지 않는다. 오히려 세월이 지날수록 더 깊은 맛이 우러나는 것 같다.

'자미로콰이'라는 밴드는 그 중에서도 각별하다. 처음 바리스타의 이름을 달고 근무하던 때, 지친 나를 위로해주던 음악이어서 그런 걸까. 지금도 들으면 힘들었던 그 때의 감정이 새록새록 되살아난다. 첫 근무지에서 매일 아침부터 저녁까지 지겹게 들었던 음악인데 지금 다시 들어도 질리지 않는다. 그저 그때의 열정과 고됨과 불안함이 아련하게 가슴으로 차오를 뿐. 음악이라는 건 늘 추억과 함께한다더니, 그 말이 맞나 보다. '자미로콰이'의 음악은 마치 브라질 세하도 Cerrado 커피와 같다. 서로 다른 특징을 가진 다른 커피들을 부드럽게 감싸주는 '심성이 착한' 세하도. 어디에 두어도 모두와 사이좋게 섞여 들어가며 자신을 드러내지 않고 남을 북돋아주는 세하도는, 자기만의 강렬한 매력을 어필하는 만델린과는 대척점에 있다. 하지만 나는 만델린도 세하도도 각기 다른 의미로 좋아한다.

예술가의 커피, 커피의 예술

언제나 커피와 함께해서 그럴까. 누군가를 만나거나 무엇을 볼 때, 커피의 속성으로 파악하는 경우가 많다. 세하도와 만델린으로 구분하는 내 취미생활은, 다른 사람들에게 신선한 충격이기도 한가보다. "너는 묵직하지만 생동감 있는 게, 과테말라 안티구아Antigua 같아", "콜롬비아 수프리모Supremo 같은 음악이네"라는 나의 감상은 늘 친구들에게 핀잔을 듣는다. 그때마다 나는 나뿐만이 아니라 유명한 예술가들도 커피에 미친 생활을 한 건 마찬가지였다고 항변하곤 한다. 베토벤과 고흐, 발자크는 그럴 때마다 내가 드는 '예시'다.

우리에게 '운명 교향곡'으로 유명한 베토벤은 아침마다 60알의 원두를 넣어 분쇄한 커피를 마셨다고 한다. 커피 애호가로 유명한 프랑스 작가 발자크는, 하루에 몇 십 잔씩 커피를 들이키며 작품 활동을 했다고 고백하기도 했다. 고흐는 자신이 자주 가던 카페 그림을 그리며 아픔을 달랬다고 하니, 커피는 대대로 예술가의 친한 친구이자 예술 작품의 연료였는지도 모른다. 실제로 끊임없이 예술가들이 드나들던 파리의 카페 골목을 거닌 적이 있다. 낡지만 아늑한 카페들이 늘어선 거리는 뜨내기 여행객인 나까지 감상에 젖게 만들었다. 노트와 펜을 앞에 두고 상념에 잠긴 노인, 스케치북을 옆구리에 낀 사람, 열띤 토론을 하는 남녀. 예술의 산실인 카페는 커피를 원동력으로 힘차게 돌아가고 있었다.

친구들에게 또 한소리 듣겠지만, 바리스타인 나는 감히 한 잔의 커피 또한 제대로 된 예술품이라고 말해본다. 한 잔의 완벽한 커피는 최상의 재료와 바리스타의 열정, 그리고 그 커피를 음미하는 사람이 만들어내는 특별한 예술이 아닐까. 단 한 번이라는 시한이 정해져 있지만 어쩌면 유한하기에 더 가치로운 예술품, 그게 커피 아닐까.

Recipe

아늑한 휴식을 위한
스트로베리 더치커피

한주 내내 쌓였던 피로를 푸는 주말의 나른한 오후, 상큼한 스트로베리 더치커피를 즐겨보자.
새콤달콤한 딸기와 달콤한 꿀이 커피 하나만으로는 채울 수 없는 비타민과 미네랄까지 채워줄 것이다. 특히 이 메뉴는 에스프레소 커피가 아닌, 일명 '천사의 눈물'로 불리는 더치커피를 사용하여, 강렬하면서도 부드럽고, 달콤하면서도 깔끔한 맛을 즐길 수 있다.

Strawberry Dutch coffee

(1잔 분량) 더치커피 60ml, 꿀 30ml, 레몬시럽 50ml, 딸기 4개

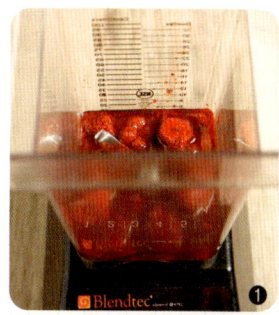

❶ 딸기와 레몬시럽, 꿀을 믹서기에 넣고 간다.

❷ 갈린 과육을 체에 걸러 과즙만 내려 보관한다.

❸ 준비된 더치커피를 잔에 붓는다.
　(더치커피 만드는 법은 88쪽 참조)

❹ ❸에 준비한 과즙을 넣는다.

❺ 더치커피와 과즙이 분리되지 않도록
　아래위로 잘 섞어서 낸다.

악마의 음료라고 불리는 이 음료는
어떤 음료보다도 맛있지 않은가.
우리 모든 인류는 이 음료로부터 세례를 받았다.
이제 커피는 진짜 그리스도 신자의 음료라는 자격을 받았네!

— 교황 클레멘트 8세 *Pope Clemens VIII*

Coffee Story : VI

와인은 달콤한 설렘,
커피는 잔잔한 그리움

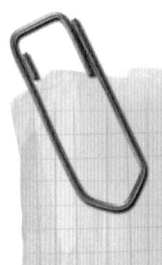

헬레니즘의 '와인',
이슬람의 '커피'?

한 손에 커피를 든 뉴요커의 이미지와 고풍적 거리에 있는 파리의 작은 카페. '커피' 하면 우리가 상상하는 이런 풍경들은 커피에 유럽풍의 도시적인 이미지를 부여한다. 그러나 커피는 원래 이슬람의 음료다. 그것도 이슬람교도들이 종교적 수행을 위해 마셨던 음료였다. 커피에 잠을 쫓는 효력이 있다는 것을 알게 된 이슬람교도들은 일상적으로 커피를 음용하기 시작했고 순식간에 이슬람권에 커피가 전파된 것이다. 술을 금지하는 이슬람권에서 커피는 유럽인의 와인과 같은 위치의 음료였다.

그렇다면 유럽인들은 어쩌다 커피라면 죽고 못 살게 되었을까? 유럽에 커피가 소개되며 본격적으로 널리 퍼지게 된 것은 1600년쯤이다. 그동안 유럽을 사로잡았던 음료는 와인이었다. 기독교는 와인을 자신들의 대표 음료로 삼고 예수의 피를 포도주, 즉 와인으로 상징화하며 신성시하는 태도를 보였다. 주식이자 예수의 살과 같은 빵만큼 와인을 귀하게 여긴 것이다. 특히 유럽의 헬레니즘 사상은 와인에서 얻어지는 영적인 확장을 숭배하기에 이르렀다. 술을 관장하는 바쿠스와 디오니소스가 신격화된 것도 모두 헬레니즘의 영향이라고 한다. 신의 음료인 와인을 숭배했던 이때의 유럽 문명은 술에 취해 있었다고 말해도 될 정도로 흐트러져 있었다. 와인을 음용하는 것 자체를 절제하는 분위기가 아니었기에, 거리에는 술

취한 사람들이 가득했다.

그런 유럽 문명을 깨운 것이 바로 이슬람의 커피였다. 커피는 그 특성상 잠을 깨우고, 두뇌를 더욱 명민하게 만드는 음료다. 잠에 취하게 만들어버리는 와인과는 대척점에 있는 이슬람 음료 커피는, 유럽인들에게 새로운 깨달음을 주었다. 처음에는 커피에 거부감을 느끼던 유럽인들도 막커피를 마시고부터는 차차 커피만의 독특한 맛과 향기, 그리고 특유의 각성효과에 빠져들었다고 한다.

이후 사람들이 너도나도 커피에 열광하자 이슬람에서 건너온 중독성 있는 검은 액체에 불만을 품은 기독교인들은 한때 커피를 '악마의 음료'로 낙인찍기도 했다. 하지만 커피의 맛에 반한 당시의 교황 클레멘트 8세의 '커피 예찬'으로 '악마의 음료'는 졸지에 기독교의 친구로 탈바꿈한다. 그리고 이를 발판삼아 커피는 유럽대륙까지 점령하게 된다.

와인을 즐기던 그녀와의 조우

"와인을 한 모금 물면 마치 입 안에서 교향곡이 울려 퍼지는 듯한 느낌이 들어."

감각적인 그녀는 표현력도 남달랐다. 누구보다도 미각이 뛰어났던 그녀, 그리고 와인을 사랑하던 그녀. 내가 커피를 좋아하는 만큼 와인을 즐겼던 그녀는 오랜 내 연인이었다.

나는 미각이 뛰어난 편은 아니다. 한때 건조한 환경에서 살아온 탓인지 후각이 많이 상실되었기 때문이다. 후각과 미각은 직접적인 연결이 있기에, 나는 후각을 잃으면서 더불어 미각의 많은 부분도 잃게 되었다. 그럼에도 불구하고 바리스타로서의 감각을 유지하기 위해 남들보다 더 많이 향을 맡고 맛을 익혀왔다. 선천적인 감각을 후천적인 노력으로 극복하는 과정을 겪은 내게, 미각도 후각도 칼끝처럼 예리한 그녀는 신선한 충격이었다.

그녀는 일반적으로 '후각이 좋다' 혹은 '미각이 좋다' 라고 일컫는 수준 이상이었다. 그녀의 민감한 감각은 한 번 맛본 커피의 종류를 감별해냈고, 와인은 연도별의 미세한 차이까지 인식했다. 미각이 좋은 만큼 표현력도 뛰어났다. '달콤하다'는 표현도 그녀가 하면 수십 가지의 갈래로 튀어나왔다.

내가 볶아준 커피를 내려 먹으며 "밥알을 오래 씹을 때 느낄 수 있는 감미로운 달콤함이 느껴져"라고 한 적도 있고 "머리를 울리고 혀를 저미는 듯한 단맛이나" 혹은 "아카시아향이 혀끝에 머물다 간 느낌의 산뜻한 달콤함이야" 등의 말을 해서 날 어리둥절하게 만든 적도 있다. 느낄 수 있는 감각이 다채로우니 표현도 따라서 풍성해지는 모양이다.

예민하고 민감한 차이를 잘 캐치하는 그녀는 와인을 두고도 그것이 얼마나 드라이하고 얼마나 스위트한지를 늘 설명해주었다. 그녀가 좋아하기에 함께 마셔보았지만, 나는 와인의 미세한 차이를 그녀만큼 알아채지 못했다. 그런 나를 보고 그녀는 놀려댔다.

"너, 바리스타로서는 만점이라도, 와인만큼은 내게 못 당하는구나?"

나는 멋쩍게 머리를 긁어댔고, 그녀는 그런 나를 보며 까르르 웃었던 것 같다. 감각적이고 예민하던 그녀와의 시간은 내게 커피와는 또 다른 와인만의 깊은 세계를 알려주었다.

바리스타, 알코올을 만나다

그녀를 따라 한 잔씩, 두 잔씩 기호로 마신 것 뿐인데. 와인만의 독특한 매력에 빠진 것은 언제쯤일까. 나도 모르게 그녀의 손을 잡고 와인의 세계에 발을 들여놓게 되었다. 휴일이면 함께 와인을 마시러 가거나 사러 다녔고, 입안을 가득 채우는 풍성한 바디감의 와인을 만나면 같이 즐거워하기도 했다. 그녀가 알려준 와인은 의외로 커피와 닮은 부분이 많았다. 우선 음료 형태의 기호품이라는 점. 그리고 산지에 따라 맛과 향의 차이가 크다는 것과 참맛을 알기 위해서 약간의 노력과 시간이 필요하다는 것도 닮았다. 미묘하지만 커다란 차이점이 있다면 와인이 알코올이라는 것 정도였달까.

사실 커피와 와인은 역사적으로 서로 경쟁하며 배척하는 음료였다. 이슬람 문명과 유럽 문명의 대립 때문이었다고 한다. 그러던 둘이 사이좋게 한데 섞여 새로운 문명을 만들어냈다. 마치 그녀와 나처럼……. 그녀와 함께하며 와인을 즐기는 동안, 그저 즐기지만 말고 전문적으로 공부를 해보자는 생각이 들었다. 바리스타로서 음료 부분에 대해 더 알아야 한다는 자각이 든 것이다. 그래서 그녀와 함께 와인 클래스도 다녔고 위스키를 가르쳐준다는 칵테일 스쿨에도 다녔다. 알고 보니 칵테일 기법 중 커피와 접목했을 때 썩 잘 어울리는 것도 있었고, 커피를 섞었을 때 더 풍미가 깊어지는 와인도 있었다. 덕분에 나는 알코올을 다룰 수 있게 되었고 알코올을 사용하는 메뉴를 창작해낼 수 있게 되었다.

나와는 판이하게 다른 그녀를 알기 위한 시도였던 와인 탐방이, 내 바리스타 인생에도 새로운 바람을 불러일으킨 것이다. 사랑이라는 게 나와는 다른 낯선 이를 받아들이며 스스로를 바꾸는 것이라더니, 그 말이 정말이었나 보다. 커피만 알던 내가 그녀에게 감화돼 새로운 세계를 넓혀갔다. 중심은 여전히 커피에 있었지만, 커피만을 바라보던 시선을 들어 다른 사람들, 다른 취향들을 바라보게 되었다. 전적으로 그녀의 덕분이었다. 하지만 그런 내 변화는 우리 관계에 균열을 가져오기에 충분했다.

"혁아……. 너 예전과는 많이 달라진 것 같아. 얼굴 보기도 힘들고. 혹시 나한테 할 말 있는 거 아니니?"

"그런 거 아니야. 알잖아, 나 요즘 와인 창작 메뉴에 빠져 사는 거. 그냥 좀 바빠서 그래."

"응, 아는데……. 그래도 불안하네……."

"서운하게 한 건 정말 미안하지만 날 좀 이해해주면 안 될까? 나한테는 지금이 중요한 시기인데 네가 자꾸 이러면 어떡하니."

"그래, 알았어……. 미안해, 귀찮게 해서."

"그렇게 말하지 마, 그런 뜻이 아니야. 내 마음은 예전과 같으니 믿어줘……."

커피 외의 새로운 세상에 빠져드는 내 모습이, 다소 예민한 그녀에겐 불안했나 보다. 나는 그런 그녀가 불만이었다. 우리의 말다툼은 날이 갈수록 잦아졌고, 서로 그만큼 지쳐갔다. 상대방을 이해하려고 노력을 하기도 했지만, 그때뿐이었다. 언제부터인지 우리는 만날 때조차 대화를 회피하기에 이르렀다. 그리고 견디기 힘든 그 침묵 속에서 우리는 알아차렸다. 원하지 않는 날이 다가온다는 것을.

와인을 닮은 이별

　인생은 가끔 심술을 부릴 때가 있다. 선의로 한 일이 누를 끼칠 때도 있고, 좋은 행동이 의도와는 다른 결과를 낳기도 한다. 그녀와 나의 관계도 그랬다. 몇 년을 함께한 연인사이였고 서로 신뢰하는 사이였지만, 조금씩 생기는 불협화음을 어쩔 수는 없었다. 작은 불화의 씨앗으로 커져가는 어둠들.
　이별은 항시 그렇게 온다. 누구도 준비되지 않은 상황에 덜컥 다가와서는 어서 결론을 내라며 종용한다. 조금이라도 더 버텨보려 하지만 아무도 그 결론을 뒤집을 순 없다. 함께한 오랜 세월로도 덮을 수 없는 균열 앞에, 우린 한참동안 서성였던 것 같다. 몸을 먼저 돌린 건 그녀였을까, 나였을까. 이젠 그것조차 모호하게 기억될 뿐이다. 함께할 때 와인처럼 풍성한 감각을 선물했던 그녀는 떠날 때도 와인처럼 여운을 남기며 사라져갔다. 나와는 다른 감성을 지녔던 그녀, 달콤했던 기억도, 또 즐거웠던 추억도 그녀와 함께 옛일로 잊혀져 갔다.
　한동안 그녀로 인해 아팠지만, 그래서 와인도 멀리했지만, 지금의 나는 다시 와인을 즐긴다. 이별의 아픔이란 언젠가는 극복되는 법이니까. 혼자서 보내는 한적한 밤, 그녀가 주었던 와인을 글라스에 쏟으며 추억도 함께 담는다. 그녀가 말했던 '입 안의 교향곡'을 오늘은 느낄 수 있을 거라 기대하며 한 모금 마셔보다 쓴 웃음만 짓는다. 역시 와인만큼은 아직 그녀를 따라잡을 수 없다. 그녀를 떠올리며 미소 짓는 한밤의 와인 파티. 아마 그녀도 어디선가 커피를 마시며 내 생각을 하고 있지는 않을지. 별이 총총한 밤이면 감성적인 나는 그렇게 괜히 앞서 생각해보는 것이다.

Recipe

달콤한 무드를 만들어주는
와인 마끼아또

로맨틱한 분위기를 만들고 싶을 때 누구나 꺼내드는 음료, 커피와 와인. 와인 마끼아또는 두 재료의 특징을 적절히 배합하여 커피 마니아와 와인 마니아를 동시에 만족시키는 독특한 커피다. 와인을 그대로 이용하면 알코올로 인해 커피의 향미를 가릴 수 있으니, 살짝 끓여 알코올 기를 없애 주는 것이 포인트. 와인 향과 커피의 쌉싸래한 맛이 어우러져 매혹적이고 특별한 와인 마끼아또. 연인과 함께 즐기면 기쁨이 배가 될 것이다.

Wine macchiato

(1잔 분량) 에스프레소 1샷(30ml), 우유 100ml,
와인 시럽 60ml(레드와인 120ml, 설탕 60g), 각얼음 3~4개

❶ 와인과 설탕을 중간 불로 20~30분 정도 서서히 졸여
   와인 시럽을 만든다.
❷ 잔에 각얼음을 넣고 식힌 와인 시럽 60ml를 붓는다.
❸ ❷에 우유 100ml를 붓는다.
❹ 마지막으로 에스프레소 1샷을 부어주면 완성.

TIP 와인 시럽을 졸일 때 도구에 따라 완성되는 시간이 달라질 수 있으니
수시로 맛을 확인하며 알코올 기가 제거되었는지 확인한다.

바리스타 *Ahn*의
특별한 이야기 셋

바리스타가 추천하는
카페 이야기

    카페가 일터이고 커피를 내려주는 것이 일인 바리스타들도 가끔은 전혀 다른 새로운 장소에서 누군가가 내려주는 커피가 마시고 싶어진다. 그럴 때면 나는 몇 군데 좋아하는 카페 중 한 곳을 방문하곤 한다. 한가한 평일 오후, 카페에 앉아 창 밖을 바라보면 그동안 일에 쫓겨 사느라 잊었던 삶의 소소한 행복이 곁에 다가오는 느낌이 든다. 바리스타인 내게도 카페는 여유로움을 알려주는 소중한 공간이다. 물론 내가 일하는 카페가 아니라는 전제가 붙긴 하지만 말이다.

    사람마다 좋아하는 카페를 선정하는 기준은 모두 다를 것이다. 어떤 이는 카페의 인테리어나 분위기를 제일 먼저 따지고, 또 다른 이는 커피와 함께 즐길 수 있는 사이드 메뉴가 많은지를 따진다. 하지만 나는 바리스타이기에 커피의 맛을 최우선 조건으로 걸고 카페를 찾는다. 인테리어가 훌륭한 카페는 많다. 하지만 커피 맛을 제대로 내는 카페는 의외로 드물다. 커피 맛도 훌륭하면서 인테리어와 분위기까지 좋은 카페는 정말 손에 꼽을 정도밖에 되지 않는다. 그래서 그런 곳을 한 군데라도 찾으면 기뻐하며 마음 속 '즐겨찾기' 리스트에 올려두곤 했다.

    여기에 소개하는 카페는 모두 그렇게 험난한 과정(?)을 거쳐 '바리스타 Ahn의 즐겨찾기' 리스트에 오른 카페들이다. 개중에는 수도권이 아니라 접근성이 조금 떨어지는 곳도 있다. 또 인테리어가 뛰어나지 않은 곳도 있다. 젊은이들이 좋아하는 감각적인 인테리어로 무장한 '힙'하고 '핫'한 카페를 찾는다면 이 리스트를 보고 실망할 수도 있다. 그러나 결국 카페는 커피의 맛으로 말하는 법이다. 그리고 이 카페들의 커피 맛만큼은 바리스타의 명예를 걸고 감히 최고라고 말할 수 있다. 커피의 깊고 풍부한 맛, 혹은 늘 접하던 커피의 새로운 일면을 즐기고 싶은 사람들이라면 주저 없이 발길을 옮겨보기 바란다.

flower & cafe blume+
블루메

address 경기도 부천시 원미구 중동 두산위브더스테이트몰 6단지 상가1층
telephone 032.621.8842
open 9:00~24:00
Barista's Choice 카푸치노

꽃과 함께 커피를 즐길 수 있는 플라워 카페. 일반적으로 플라워 카페는 꽃이 많아 카페의 느낌이 잘 살지 않는 경우가 많은데, 블루메는 일반적 플라워 카페와는 달리 단아한 분위기를 풍긴다. 내추럴한 분위기의 인테리어와 꽃향기가 어우러져 마치 꽃밭에 앉아 커피를 마시는 듯한 느낌을 주는 블루메. 곳곳에 아름다운 생화를 배치하여 여성적인 느낌이 한껏 살린 카페는 길을 지나는 많은 사람들의 발길을 멈추게 할 정도로 이국적인 느낌을 준다. 꽃집과 병행함에도 불구하고 감칠맛 나는 커피를 내리며, 다양한 사이드 메뉴가 있어 골라 먹는 재미가 쏠쏠하다. 가격대비 맛있고 풍성한 음식을 먹다 보면 포크를 내려놓기 어려울 정도. 사람들이 많이 다니는 위치가 아니라 조용히 꽃 내음을 맡으며 커피 한 잔 하기에 좋은 장소다.

Ahn said...

커피가 아니라 꽃에 이끌려 들어간 카페다. 처음엔 꽃향기에 취하고 다음엔 커피 맛에 감동받으며, 최종적으로는 디저트에 혹했던 기억이 아직도 생생하다. 블루메는 그 모든 것을 충족시킬 만큼 많은 매력을 가진 카페다. 여러 가지 꽃들이 다소곳이 놓여 있는 카페에 앉아 있는 것 그 자체만으로도 시각적, 심리적인 만족감이 든다.

날이 좋을 때면 바깥 테라스에서도 꽃을 즐기며 커피를 마실 수 있다. 티세트를 주문하면 꽃과 잎으로 아름답게 데코까지 해주니 연인끼리 방문하면 로맨틱한 분위기를 연출할 수 있지 않을까.

Black gold
블랙골드 로스팅 샵

address 강원도 춘천시 효자동 629-2번지 (강원대학교 후문)
telephone 033.253.1776
open 10:00~01:00
Barista's Choice 더치커피

검은 황금이자 마시는 금인 커피를 지칭하는 '블랙골드'는 커피 마니아들 사이에서는 맛 좋고 가격도 싼 로스터리 샵으로 이미 유명하다. 자체 로스팅을 하므로 언제 가더라도 신선하고 깊이 있는 커피를 맛볼 수 있다. 9종의 핸드 드립 커피와 함께, 일반적으로 맛보기 어려운 더치커피를 판매하고 있는 것이 특징. 깊은 맛의 더치커피는 예약 후 병째로 구매해 갈 정도로 인기라고 한다. 커피뿐만이 아니라 저렴하고 다양한 사이드 메뉴 또한 인기. 특히 매장에서 바로 구워 제공하는 수제 핫쇼콜라케이크는 그 안에 진한 다크 초콜릿이 들어 있어 여성 고객의 사랑을 듬뿍 받는다. 카페 주인이 여행을 다니며 직접 촬영한 사진들로 꾸민 벽면도 소박하면서 정감 가는 요소.

Ahn said...

한국에서는 드문 더치커피를 전통적 방식으로 만들어 낸다는 소문을 듣고 찾아간 카페. 1층은 모던한 현대식 카페 분위기였는데 2층으로 올라가니 올드하고 아늑한 공간이 펼쳐져, 층 간 분위기 차에 놀랐던 기억이 난다. 다른 커피들도 맛있지만, 특히 더치커피는 소문 그대로 일품. 한 모금만 마셔도 깊고 거친 더치커피만의 매력이 한껏 느껴진다. 수도권에 사는 사람들이 보기엔 조금 멀지만, 정말 '차원이 다른' 커피 맛을 볼 수 있는 곳이니 꼭 가보시길.

LOVE YOU
JUST THE WAY YOU AR

cafe de fazenda
카페 드 파젠다

address 서울시 용산구 서빙고동 293 그린파크상가 105호
telephone 02.792.6007
open 10:00~23:30 (주말)11:00~22:00
Barista's Choice 핸드 드립 커피

서울 한복판에 있지만 시골역 같은 느낌을 주는 서빙고역에서 한적한 길을 따라 5분 정도 걸어가면 '카페 드 파젠다'가 나온다. 문 앞에 작은 커피나무가 자라고 있다는 것을 빼면 언뜻 보기에 외관은 평범한 카페. 그러나 내부는 완전 딴판이다. 외국의 골동품처럼 보이는 빈티지 소품들은 마치 외국 옛날 소설 속으로 걸어 들어간 듯한 느낌을 선사한다. 이국적 즐거움을 주는 이 소품들은 20여 년 간 커피 연구를 거듭한 카페 주인장이 외국 여행을 하며 수집한 것들. 하지만 주인장은 인테리어보다 커피 맛이 더 좋다고 확언한다. 로스터리샵을 표방하는 카페 드 파젠다는 생두를 로스팅하는 것은 물론 커피 추출 또한 여러 방법으로 한다. 특히 비커 같은 기구를 사용하여 커피 액을 뽑는 사이폰 추출은 다른 곳에서는 볼 수 없는 카페 드 파젠다만의 비기.

Ahn said...

우연히 들어간 카페와 사랑에 빠진 적이 있는지. 내게는 카페 드 파젠다가 그랬다. 친구가 늦는 바람에 우연히 들어갔던 카페인데 얼마나 마음에 쏙 드는지. 기다리는 시간이 즐겁기만 했던 기억이 난다. 앤틱한 느낌의 아늑한 카페 내부에 한번 들어서면 두세 시간 쯤 아무 것도 안 하고 마냥 늘어져 있고만 싶어지니 요주의. 이 카페는 특이하게도 핸드 드립을 메인으로 밀고 있는데, 그 맛이 또 예술이다. 다른 매장보다 훨씬 많은 원두를 보유하고 있으니, 핸드 드립 마니아라면 놓치지 말기를.

129

In cloud
인 클라우드

address 서울특별시 마포구 서교동 360-10
telephone 02.326.3950
open 12:00~23:00
Barista's Choice 아메리카노

문화와 예술의 거리, 홍대 앞에는 톡톡 튀는 카페가 많기로 유명하다. 하지만 의외로 오래 지속되는 카페는 적은 편. 이유는 단 하나, 유행의 주기가 너무 빨라 자칫 잘못하면 손님들에게 외면당하기 때문이다. 작은 골목에 살짝 숨어 있는 인 클라우드는 그 와중에 몇 년 째 그 자리를 지키고 있는 홍대 카페계의 터줏대감이다. 부침이 심한 홍대에 인 클라우드가 안착할 수 있었던 이유는 바로 알싸하고 깔끔한 커피 맛과 옛날 생각이 절로 나는 '엄마표 팬케이크' 덕분이란다. 생두부터 꼼꼼하게 살피며 커피 맛에 심혈을 기울이는 한편, 다양한 사이드 메뉴 개발에도 앞장서는 인 클라우드. 블루베리 빙수, 크로크 무슈 등, 요즘 잘 나가는 새로운 사이드 메뉴가 맛보고 싶다면 홍대로 떠나보자.

Ahn said...

이름 그대로 폭신한 구름 속에 푹 파묻힌 것처럼 편히 쉴 수 있는 공간. 인 클라우드에는 늘 달콤한 팬케이크 향이 감돈다. 처음엔 팬케이크를 주로 다루는 평범한 카페로 알고 커피 맛에는 별 기대를 하지 않았는데, 아메리카노를 한 잔 마신 후, 이 견해를 전면 수정하게 되었다. 풍성한 아로마에 깔끔한 뒷맛을 자랑하는 아메리카노는 팬케이크와도 환상의 조화를 이루어낸다. 홍대 골목에 숨어 있는 카페지만 달콤한 향기에 중독된 사람들이 많아서인지 늘 사람들로 붐비는 편이다. 천천히 맛을 음미하고 싶다면 평일 오후에 방문할 것을 권한다.

COFFEE L E C
커피렉

address 경기도 성남시 분당구 운중동 972-3 1층
telephone 070.4250.9723
open 09:00~23:00
Barista's Choice 에스프레소

커피렉은 월드바리스타 안재혁이 머무르는 매장이다. LEC는 리미티드 에디션 카페(LIMITED EDITION CAFE)의 줄임말로써 한정 판매 콘셉트를 가지고 있는 매장이다. 이곳의 리미티드 에디션 메뉴는 특색 있는 메뉴를 한정된 기간에만 맛볼 수 있다. 또한 직접 로스팅하여 신선한 원두를 바로 구매할 수 있으며, 유럽 스페셜티 협회에서 공식 브루윙 머신으로 사용하는 기계로 산지별 원두를 내려 고객들의 입맛을 사로잡고 있다. 또한 아이리시, 깔루아 등 알코올 커피를 선보여 많은 호응을 얻고 있다. 무엇보다 '레드 오렌지'라는 커피렉의 블랜딩 원두는 특색 있고 개성 있는 맛으로 찬사를 받고 있다.

Ahn said...

기존 커피숍을 다니면 늘 새로운 메뉴들이 나왔다고 포스터가 붙어 있는 것이 지저분해 보였다. 사람들의 호응 정도에 따라 메뉴가 채택되고 버림당하고…….
이런 상식을 깨보고 싶었다. 그래서 커피엘의 메뉴는 사람들의 호응에 의존하지 않으며 오롯이 숍에 의해 결정된다. 메뉴에 있는 커피를 맛보기 위해선 사람들의 반응과는 무관하게 판매되는 기간 동안 숍을 방문해야만 한다. 그것이 리미티드 에디션 메뉴고, 모든 메뉴는 나에 의해 결정된다.

나에게 빚진 많은 돈을 갚지 않아도 좋으니 그 대신 커피로 주게.

- 나폴레옹 Napoleon

Coffee Story : VII

커피는 고단한 내 삶의
한 잔의 위로

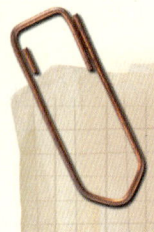

고난과 역경의 커피 역사

커피는 탄생 이후 세계에서 석유 다음으로 교역량이 많은 물품으로 성장하기까지의 긴 세월동안 끊임없는 부침을 겪었다. 때로는 전쟁의 배후에 있었고, 때로는 역사의 판도를 바꿔놓기도 했던 커피의 스펙터클한 활약상을 들여다보자.

17세기 오스트리아에서는 전쟁 덕분에 커피가 대중화되었다. 오스만 대군과 빈의 시민들이 대치했을 때, 터키인들의 통역사로 활동하며 오스만에서 살았던 게오르그 콜시츠키Georg kolschitzky라는 폴란드인은 오스트리아를 도와 전쟁을 승리로 이끄는 주역으로 활약했다. 급하게 도망간 오스만군은 낙타와 소, 양, 곡식 등을 그대로 두고 갔는데, 그 중 알 수 없는 검은 알갱이 500포대도 함께 있었다고 한다. 오스트리아인들이 이것을 버리려고 하자, 콜시츠키가 그 앞을 가로막고 "저는 도움의 대가를 바라진 않습니다. 대신 이 물건을 제게 주십시오"라고 했다. 오스트리아인들은 몰랐지만, 이미 커피를 접해본 콜시츠키는 커피가 얼마나 귀한 음식인지를 알고 있었던 것이다. 커피 500포대를 갖고 낸 콜시츠키의 커피하우스는 빈 시민들에게 큰 사랑을 받았고, 커피는 그렇게 오스트리아에 뿌리를 내렸다.

한편 독일에는 커피 금지령이 내리기도 했다. 예부터 맥주로 유명하던 독일은, 외부 음료인 커피가 맥주의 자리를 위협하자 위기의식을 갖고 커피를 전면 금지하는 칙령을 발표한 것이다. 그러나 이 커피 금지령은 실효를 거두지 못했다. 이미 커피에 중독된 이들이 암시장에서 커피를 밀거

래하기에 이르렀기 때문이다. 금지한 품목이니 국가로서는 세금도 받을 수 없던 터. 커피 금지령이 중간상인들의 배만 불린 격이다. 결국 프러시아 정부는 19세기 초에 이르러 커피 금지령을 전면 철회하기에 이른다.

미국에서의 커피 역사도 만만치 않다. 현재 커피의 가장 강력한 라이벌이라고 여겨지는 차^{Tea}는 미국에서 무척 사랑 받던 음료였다. 그러나 한 사건을 계기로 차는 쇠락의 길을 걷는다. '보스턴차사건'이 바로 그것이다. 1773년, 영국은 미국 상인들의 차 밀무역을 금지시키며 영국 동인도회사에 차 독점권을 부여했다. 이에 분개한 미국인들은 보스턴 항구에 있던 동인도회사의 선박을 습격해 차를 바다에 내던지며 저항했다. 결국 이 일은 영국과 미국 사이의 무력충돌을 가져왔고, 미국 독립혁명의 발단이 되었다. 보스턴차사건 이후 영국을 상징하는 차는 인기가 떨어졌고, 미국인들은 애국의 의미로 커피를 마시기 시작했던 것이다. 미국에서 차가 몰락한 배후에 미국인의 애국심이 있었다니, 역시 역사는 아이러니하다.

커피 한 잔의 여유?
커피 한 잔의 노력!

한때 캔 커피 광고에서 '커피 한 잔의 여유'라는 카피를 쓴 적이 있다. 많은 사람들 입에 오르내릴 정도로 성공한 카피지만 내겐 그저 쓴 웃음만 나는 문장이었다. 바리스타가 된 지 얼마 지나지 않았을 때, 커피 한 잔은 여유가 아니라 노력이자 노동이었기 때문이다.

많은 이에게 커피는 일상의 쉼표지만 바리스타에게 커피는 흰 종이를 가득 채우는 빼곡한 본문이다. 혹자는 카페에서 일하니 여유롭고 편하겠다고 말하지만, 천만의 말씀. 이건 바리스타에 대한 오해 중 가장 크고 심각한(?) 오해다. 카페에서의 여유는 손님들의 것이지 바리스타의 것은 아니다. 오히려 바리스타가 바빠야 손님들이 여유롭고 한가한 시간을 만끽할 수 있다.

주문을 받고 커피를 내리는 바리스타의 모습이, 바깥에서 보기에는 전문적이고 멋져 보이나 보다. 거기에 카페 특유의 나른한 분위기까지 합쳐지니 '아, 바리스타는 참 멋지고 편한 직업이구나' 하고 생각하겠지만 내부 사정은 완전히 다르다. 일선에 있는 바리스타들에게 직업에 대해 말해보라고 하면 '박봉에 3D 업종'이라고 입을 모을 게 분명하다. 겉멋만으로 덤비기에 바리스타란 직업이 만만치 않다는 얘기다.

몇 명의 바리스타가 얽혀 여러 메뉴를 만들어내는 바 안은 늘 전쟁터다. 서로 분주하게 다니다가 뜨거운 열기구나 날카롭고 뾰족한 도구에 몸을 다치는 경우도 많다. 거기에 매장 관리, 손님 응대, 계절별, 날씨별 커피 관리까지 바리스타의 일은 끝이 없다. 하지만 그렇게 일에 치이다가도 자신이 내린 커피 한 잔에 행복해하는 손님들 모습에, 씩 웃고 다시 꿋꿋하게 일하는 사람이 또한 바리스타다.

버스에서 만든 카페라떼

커피에 우유로 그림을 그리는 라떼아트를 아는지. 나는 라떼아트 덕에 이름을 알리게 된 사람이다. 카페에서 라떼아트를 하는 모습이 동영상으로 촬영되며 유명해졌고, 그 기세를 몰아 한 포털 사이트 카페에서 기획한 라떼아트 대회에서도 1위를 차지하기도 했다.

"저, 안재혁 바리스타님이 라떼아트 하는 거 보고 반해서 바리스타가 되기로 결심했어요!"

요즘도 종종 이런 말을 듣는다. 나를 멋지게 봐주었다니 참 고마운 일이지만 한편으로는 걱정이 되기도 하다. 라떼아트를 멋지게 완성하는 바리스타의 모습만 꿈꾸는 건 위험하니까. 그들이 꿈꾸는 '멋있는' 모습은 단번에 되는 것이 아니며, 바리스타가 그런 일만 하는 것도 아니다.

나만 해도 그랬다. 라떼아트에 본격적으로 손을 댄 건 손님 앞에서 라떼아트 보여주는 것을 콘셉트로 하는 '알토 크레마'라는 카페에서 일할 때였다. 사람들이 지켜보는 가운데 커피를 만들 때 "아, 이거 잘못됐네요. 다시 해드릴게요"라는 말은 용납이 되지 않는다. 완벽하지 않으면 안 됐고, 완벽에 근접하도록 해낼 수밖에 없었다.

이론만 알고 실전은 몰랐던 시절, 나는 손님 앞에서 실수하면 안 된다는 단호한 마음으로 카페에 들어가기 두 달 전부터 라떼아트에 매진했던 것 같다. 하루에 1000㎖짜리 우유팩 스무 개를 넘게 써댔다. 나중엔 고소한 우유 냄새와 봉긋하게 피어오르는 우유 거품이 지겨워져 신물이 올라올 정도였다. 이동 시간이 아까워 버스 안에서도 허공에 대고 혼자 손으로 수화하듯 라떼아트를 연습했다.

'어머, 저 사람 혼자 왜 저래? 미친 거 아냐? 나이도 젊은 것 같은데……'

등 뒤로 기어오르던 호기심에 겨운 시선도 감내했다. 그렇게 이미지 트레이닝까지 하고도 시간이 모자라, 밤새 우유를 스티머로 데우다가 깜빡 졸아 손을 덴 적도 여러 번이다. 나중엔 아예 자주 데는 부분에 굳은살이 박혀 편해지기까지 했으니. 만약 라떼아트에 '완성'이라는 것이 있다면 그때 아마 그 기량이 80퍼센트까지 채워졌을 것이다.

하트가 담긴 한 잔의 카페라떼를 만들기 위해 내가 들인 시간은 수백 시간에 이른다. 겉멋만으로는 결코 쌓아갈 수 없는 숫자다. 실제로 한 잔의 커피를 제대로 낼 수 있는 바리스타 한 명이 탄생하기까지는 6개월 이상의 이론 공부와 기술 습득 시간이 필요하다. 이렇게 보면 손님이 즐기는 커피 한 잔의 여유는 바리스타가 커피 한 잔에 들이는 노력과 정확히 일치한다는 생각마저 든다.

자투리 커피 한 모금의 여유

일에만 치여 살던 내가 비로소 여유를 느낀 것은 언젠가의 마감 시간이었다. 피곤한 몸을 이끌고 한참이나 늦은 밤 매장을 정리하다 문득 조리대를 보니 손님에게 미처 나가지 못한 에스프레소가 한 잔 남아 있었다. 평소 같으면 미련 없이 버렸을 커피. 하지만 별이 총총하게 박혀 있는 그 가을 밤하늘 아래에서는, 나도 한번 센티해지고 싶었다.

따뜻하게 덥힌 흰 잔에 에스프레소를 담았다. 피곤을 풀기 위해 평소엔 자주 먹지 않는 캐러멜 시럽도 가득 넣었다. 그리고 스팀 밀크를 동그랗게 부으며 하트를 만들었다. 수백 잔을 만들었지만, 처음으로 나만을 위해 만든 캐러멜 하트 라떼.

흰 잔에 담긴 커피는, 내게 이왕이면 별빛이 잘 드는 창가로 앉으라고 속삭였다. 아무도 없는 텅 빈 카페의 창가, 바리스타와 손님, 1인 2역. 스스로의 감성에 슬며시 웃으며 커피를 한 모금 마셨다. 첫맛부터 달콤하게 파고든 캐러멜 시럽이 피로에 젖은 온 몸 구석구석을 포근하게 안아주었다.

아, 이게 손님들이 그렇게 원하는 커피 한 잔의 여유구나.

뒷정리도 잠시 미룬 채, 나는 창가에서 별을 바라보며 한참동안이나 커피를 즐겼다. 아무 것도 하지 않으며 단순히 커피의 맛과 분위기에만 집중하는 그 시간의 기쁨. 하루의 피로를 씻고 내일을 준비하는 순간. 나는 그날에서야 바리스타로서 커피를 대하는 방법은 하나뿐이 아니라는 걸 깨달았다. 일로만 바라보는 커피가 아닌 여유로 즐기는 커피. 그 날의 캐러멜 하트 라떼는 지친 내 영혼을 위로해주는 고마운 친구였다.

지금의 나는 그때보다 마음이 많이 여유롭다. 일을 할 때는 집중해서 하지만, 커피를 일상의 쉼표로 즐기는 데 거리낌이 없다. 아무것도 따지지 않고, 그저 감각적인 향연을 음미하는 그 짧은 시간들을, 나는 바리스타이자 커피 마니아로서 늘 고대한다.

Recipe

피곤하고 지칠 때 위로가 되는 커피,
바닐라 프렌치

심신이 지칠 때는 온몸 구석구석을 부드럽게 위무해주는 커피 한 잔이 간절해진다.
이럴 때 엄마 품처럼 익숙한 향인 바닐라를 이용해보는 건 어떨지.
천연 바닐라 시럽을 넣은 바닐라 라떼는 특유의 향기로 심신의 피로를 풀어주고, 그 달콤함으로 몸의 컨디션을 회복시켜줄 것이다.
프렌치 프레스로 추출한 커피를 이용하면 바닐라 향 못지않은 진한 커피의 향도 함께 느낄 수 있다.

Vanilla french

(1잔 분량) 프렌치 프레스로 추출한 커피 150ml,
바닐라 시럽(설탕시럽 15ml, 바닐라 빈 8개 분량), 바닐라 빈

❶ 설탕시럽에 바닐라 빈 8개를 넣고 밀폐하여 하룻밤(12시간 이상) 보관한다.
❷ 하룻밤 숙성시킨 바닐라 시럽 15ml를 잔에 붓는다.
❸ ❷에 프렌치 프레스로 추출한 커피 150ml를 넣는다.(프렌치 프레스 추출법은 84쪽 참고)
❹ 기호에 따라 바닐라 빈을 잔에 꽂아 모양을 낸다.

TIP 바닐라 빈을 담근 채 스푼 대용으로 쓰면 감미로운 바닐라 향을 더 진하게 느낄 수 있다.

커피숍과 거리에 있는 동안
나는 내 몸이 타오르는 것을 느꼈다.
한 20분쯤 되었을 것이다.
나는 아주 행복하여 축복을 받은 듯했으며
다른 사람들도 축복해줄 수 있을 듯했다.

– 윌리엄 버틀러 예이츠 William Butler Yeats

Coffee Story : VIII

커피,
소울 메이트 케이크를 만나다

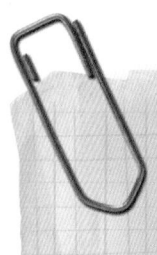

쌉쌀한 커피의 단짝,
한 조각의 케이크

터키군이 남기고 간 커피 500포대로 커피하우스를 낸 오스트리아의 게오르그 콜시츠키 Georg kolschitzky. 터키군을 물리치는 데 큰 공을 세운 그는 오스트리아 황제로부터 커피 독점영업 허가를 받고 '푸른 병'이라는 이름의 커피하우스를 낸다. 그는 터키군을 물리친 기념으로 이슬람 제국을 상징하는 초승달 모양의 크루아상을 내놓았는데 이것이 공전의 히트를 쳤다. 초승달 모양의 크루아상을 씹어 먹는 행위가 이슬람을 제패했다는 상징적인 의미가 되어 빈의 시민들에게 전파된 것이다.

커피와 크루아상, 사상 최초의 세트 메뉴(?)가 빈을 강타했고 이런 식습관이 정착되자 차츰 이웃나라로도 퍼져나갔다. 지금도 중부유럽에서는 커피와 함께 빵, 케이크, 또는 다른 요리를 함께 먹는 풍습이 있다. 뭐든지 많이 팔려는 상업화 덕분일까. 이런 문화는 오늘날까지 전해져 카페에서 커피와 함께 간단한 베이글이나 케이크를 파는 것이 자연스러운 일로 굳어졌다. 그리고 그 중에서도 케이크는 으뜸을 차지한다.

그럼 대체 인류는 언제부터 케이크에 열광했던 걸까? 케이크는 의외로 긴 역사를 자랑한다. 기원전 2000년 경의 이집트가 케이크의 원조라는 설이 가장 유력하게 받아들여지고 있다. 이집트에서 출발한 케이크는 그리스·로마 시대에 본격적으로 발달하였다. 빵과 케이크가 나뉜 시기도 이때다. 이후 케이크는 향신료, 설탕 등의 부가재료를 통해 새롭게 거듭나며 비상했다.

서양 식문화의 대표주자는 빵이지만 빵을 고급화한 진짜 미식 메뉴는 케이크다. 누구나 먹을 수 있는 거친 빵이 아닌 특별한 계층만 즐길 수 있는 케이크의 묘미는 모든 사람들이 열망할 만했다. 빵이 없으면 케이크를 먹으면 된다는 마리 앙투아네트Marie An toinette의 오만한 말에 시민들이 불같이 화를 낸 건 어쩌면 그 때문이었을지도 모른다.

18세기에 들어서면서 많은 사람들이 케이크를 전보다 쉽게 접할 수 있게 되었다. 산업혁명이 일어나며 케이크 공장이 속속 들어서 케이크 가격이 떨어진 것. 대량 생산된 달콤한 케이크는 여러 경로를 통해 전파되었는데 특히 쓴 커피와의 궁합이 잘 맞아, 커피와 함께 오르는 일이 빈번해졌다. 손님들이 케이크를 찾게 되자 여러 커피하우스에서 커피와 함께 케이크를 내놓기 시작했고 그 후로 커피와 케이크는 지금과 같은 단짝이 되었다. 요즘이야 커피와 케이크의 조합이 너무나 당연하게 여겨지지만 둘이 함께하기까지는 꽤나 많은 시간이 필요했던 것 같다.

소울 메이트를 만들어준 박카스 CF 문답

　어느 누구도 홀로 성공한 사람은 없다. 그리고 어느 누구도 홀로 행복한 사람은 없다. 아직 인생을 깨달을 만큼 살아온 건 아니지만 '사람 사이의 관계'가 중요하다는 것만은 자신 있게 말할 수 있다. 지금의 내가 나 혼자가 아닌 다른 분들의 도움으로 이 자리에 선 사람이기 때문이다.

　내 인생에 있어서 소중한 사람, 최지욱 선배를 처음 만난 건 바리스타 학과에 입학했던 5월의 화사한 봄날이었다. 국내 바리스타 첫 세대로 꼽히던 몇몇 분들과 신입생들이 모인 자리였는데, 최 선배는 완벽하게 밀어버린 머리를 자랑하며 특유의 카리스마를 내뿜고 있었다. 그때만 해도 아직 우유 거품도 못 살려본 까마득

한 후배였던 나는 그런 최 선배의 강렬한 모습에 일단 기가 죽어 있었던 것 같다. 한참동안 말이 없던 최 선배가 처음 입을 뗀 건 아주 묵직한 한 마디였다.

"너네, 커피가 뭐라고 생각하나?"

즐겁게 떠들던 술자리에 난데없이 던져진 질문은 순식간에 분위기를 적막강산으로 만들었다. 아직 한 달도 채 되지 않은 신입생들은 다 꿀 먹은 벙어리가 되어 서로 눈치만 보고 있었다. 나서는 성격이 아닌 내가 그때 대뜸 대답을 한 건, 아마도 그 무렵 그것에 대한 고민을 진지하게 하고 있었기 때문이었으리라.

"제게 커피는 도전과 열정입니다."

마치 회사 면접이라도 보는 사람처럼 진지하게 대답하는 나를 숨죽이며 보고 있던 동기들은, 곧장 최 선배의 안색을 살폈다. 그렇게 몇 초의 정적이 흐른 후, 갑작스런 파안대소가 터져 나왔다.

"하하하! 얘는 무슨 대답이 박카스 CF야! 젊은 나이에 왜 그렇게 진지하게 살아? 너, 참 마음에 든다! 이름이 뭐냐?"

최 선배와의 인연은 그렇게 시작되었다.

그 후 최 선배와 가까워진 나는, 답답할 때마다 선배에게 전화를 걸어 커피 이야기와 더불어 고민과 어려움 등을 토로하고 조언을 얻었다. 한 발 앞선 바리스타로서 나의 어려움을 이해했던 선배는, 힘들어하는 나를 위로해주고 때로는 따끔한 충고도 해주면서 이끌어주었다.

최 선배가 함께 동업을 하자고 했을 때 아무 고민 없이 선뜻 그러마고 대답한 것은, 내게 큰 산과 같은 존재인 선배에 대한 믿음이 컸기 때문이다. 그리고 지금까지도 최 선배는 내게 가장 큰 선배이자 소울 메이트로 남아 있다.

경쟁을 넘어선 자리에 있는 사람

바리스타에게는 중요한 시합들이 몇 개 있다. 해외 대회 진출권을 얻는 국가대표선발전은 그중에서도 가장 중요한 대회인데, 이 대회는 서로 비공개로 준비하는 게 보통이다. 멘트나 행동으로 자신만의 개성을 나타내야 하다 보니 바리스타마다 서로 안 보여주려고 보안전에 신경을 쓴다. 그렇게 모두가 경쟁상대가 되어 서로를 경계할 때도 최 선배와 나는 조금 달랐다.

"재혁아, 너 거기서 멘트 치는 게 너무 느리잖아. 그럼 답답해 보인다구."

커피를 뽑으며 혼자 중얼중얼 멘트 연습을 하던 내게 갑자기 최 선배가 한마디 던졌다. 그렇지 않아도 뭔가 늘어진다 싶은 찰나였다. 선배 말대로 멘트를 조금 더 빨리 해봤더니 입에 착 달라붙고 행동에도 힘이 들어갔다.

"그것 봐. 여유를 보이되 확신을 갖고 말하니 이제 전문가답잖냐."

선배는 씨익 웃으며 특유의 선한 표정을 보였다.

같은 대회에 같은 타이틀을 놓고 경쟁하는 사람을 위해 조언을 해주는 사람은 흔치 않다. 하지만 최선배는 나를 위해 조언을 아끼지 않았다. 그뿐이 아니다. 국가대표선발전에는 개인마다 다른 창작메뉴를 선보이는 코너가 있는데 이 부분의 배점이 상당히 높다. 그래서 많은 바리스타들이 이 창작메뉴를 만들기 위해 고심을 하고, 한번 결정되면 쉽사리 외부에 노출시키지 않는다. 바리스타의 자존심이 걸린 내 창작메뉴의 첫 번째 시식자는?

물론 최 선배였다. 그리고 최 선배의 창작메뉴도 내가 제일 처음 맛봤다. 우리는 그렇게 경쟁을 넘어선 자리에서 서로를 북돋아주고 서로 의지하며 대회를 준비해 갔다.

소울 메이트를 향한 기쁨의 눈물

2005년 국가대표선발전 마지막 차례였다. 최종 엔트리 6명 안에 든 최 선배와 나는 마지막 결과만을 남겨 두고 있었다. 초반에 실수가 있었던 나는 1위 수상에 대한 기대는 일찌감치 접어둔 상태였다. 그런데도 무척이나 떨렸다. 최 선배가 최종 엔트리에 들었다는 사실이, 그리고 어쩌면 1위를 할지도 모른다는 것이 날 흥분시킨 것이다. 내가 아닌 남의 결과를 기다리는 것이 이렇게나 긴장될 줄이야.

"2005년 한국 바리스타 챔피언십 최종 우승자는, 최지욱 바리스타입니다!"

사회자의 멘트가 울려 퍼지고 최 선배가 특유의 미소를 지으며 한 손을 위로 치켜들었다. 손이 떨어져나갈 것처럼 박수를 치던 나는 슬며시 돌아서 구석진 자리를 찾았다. 주책없이 솟아나는 눈물을 감당하기 어려워 괜히 눈가만 만지작거렸다. 내가 우승한 것도 아닌데, 울 일도 아닌데 가슴이 뜨거워지며 목 안쪽이 아려왔다.

누구보다도 잘 알았다. 최 선배의 노력을. 그래서 꼭, 무슨 일이 있더라도 꼭, 선배가 우승했으면 했다. 우승이라는 선배의 결실이 너무나 기뻐서, 또 너무나 좋아서, 나는 한참을 그렇게 구석에 서서 눈물을 삼켰다. 이런 마음은 선배도 같았나 보다. 눈물 자국을 지우고 선배에게 다가가 축하 인사를 건네자 선배가 내 손을 꼭 잡으며 이렇게 말했다.

"재혁아, 이건 너 같은 사람이 타야 하는 상인데······. 내가 가로챈 것 같아서 미안하다. 내가 상 탄 건 다 네 덕분이야. 너 기억나니? 우리 같이 연습할 때, 내가 밤에 자다가 벌떡 일어난 적 있지? 그때 너 보고 감화 받은 거였다. 한밤중에 목이 말라 깼는데, 네가 졸면서 우유 스티밍을 하고 있더라. 그거 보니까, 네가 그렇게 열심인데 내가 여기서 누워 있으면 안 될 거란 생각이 들더라구. 그래서 더 열심히 하게 된 거야. 너 아니었으면 내가 이 자리에 있을 수 있겠니. 다음번엔 네가 꼭 국가대표 돼라! 고맙고 미안하다……."

 최 선배의 이 말이 사실임을 다시 한 번 깨닫게 된 건 작년, 내가 진짜로 국가대표 바리스타가 되었을 때였다. 편안하게 결과를 기다리던 나와는 대조적으로 딱딱하게 굳어서 긴장하며 발표를 기다리던 선배는 내가 우승한 걸 알자마자 눈물이 그렁그렁해졌다. 나는 그 모습을 보고 선배를 놀리며 한참을 웃었다. 우린 그렇게, 3년의 차를 두고 서로를 완전히 이해하게 된 것이다.

대한민국 국가대표 바리스타 안재혁

Recipe

달콤한 케이크와 어울리는 커피,
샤커레또

아메리카노 한잔과 베이글처럼 어울리는 조합이 바로 샤커레또와 케이크! 두 가지를 함께 먹으면 달콤한 케이크의 맛을 차갑고 쌉싸래한 샤커레또가 적절하게 잡아주며 환상의 조화를 이룬다.
에스프레소를 얼음과 함께 흔들어 낸 샤커레또는 원래의 에스프레소보다 부드러운 맛이 나는 게 특징. 준비할 것도 많지 않고 만들기도 어렵지 않아 가정에서도 쉽게 즐길 수 있다.

Shakerrato

(1잔 분량) 에스프레소 2샷(60ml), 셰이커, 각얼음 5~6개, 설탕

❶ 셰이커에 각얼음을 채우고 에스프레소 2샷을 넣는다.
❷ 얼음이 반 정도 녹을 때까지 흔들어준다.
❸ 준비된 잔에 얼음이 섞인 커피를 거품까지 모두 붓는다.
   기호에 따라 설탕시럽을 약간 첨가할 수도 있다.

바리스타 *Ahn* 의
특별한 이야기 넷

국가대표 바리스타 되는 법

늘 가던 카페에서 전혀 다른 커피 맛을 느낀 적이 있는지. 혹은 같은 프랜차이즈 커피전문점인데도 지점마다 맛이 다르다는 것을 발견한 적이 있는지. 이 모든 것이 바로 사람인 '바리스타'가 다르기에 일어나는 일이다. 전문 프랜차이즈 회사의 경우, 제공하는 원두와 재료가 모두 동일하므로 비슷한 맛을 낼 수는 있다. 그러나 아무리 재료가 같더라도 최종적으로 커피를 추출하는 바리스타의 기술에 의해 그 맛이 결정되므로 결국 모든 커피는 약간씩 다른 맛을 가질 수밖에 없다.

커피 요리사라고 할 정도로 커피의 최종적인 맛과 질을 좌우하는 가장 큰 요소, 바리스타. 이탈리아어로 '바 안에서 커피 만드는 사람'을 뜻하는 바리스타는 저 멀리 농장에서 농부의 손길을 거쳐 도달한 생두가 로스팅과 블렌딩, 그라인딩을 거쳐 한 잔의 커피로 완성되기까지를 주관하는 커피전문가다. 에스프레소 머신을 비롯한 여러 가지 추출도구의 사용법과 기능을 잘 알고 있는 것은 기본이고, '커피'라는 농작물에 관해서는 식물학적 분류부터 산지별 특징과 그 맛, 보관법 및 관리법까지 모든 것을 알고 있어야 한다. 그뿐만이 아니다. 바리스타는 커피와 함께 사람을 다루는 직종이므로 서비스 마인드를 갖추는 것도 필수다. 매장을 돌보는 것도 바리스타 업무 중 하나. 겉으로 보는 것보다 의외로 고된 일이지만, 커피가 좋고 열정이 넘치는 사람이라면 누구나 도전이 가능한 열린 직종이기도 하다.

커피 시장은 해가 갈수록 커지고 있으며 더불어 커피를 다루는 바리스타의 중요성과 비중도 날이 갈수록 높아만 가고 있지만 이에 반해 전문 인력은 많이 부족한 실정이다. 우리나라에 '바리스타' 라는 명칭과 함께 전문 인력의 중요성이 부각된 지 몇 년 되지 않았기 때문이다. 예전에는 커피전문점에 파트타임 직원으로 들어가 어설프게나마 바리스타 과정을 밟는 사람이 많았지만 요즘은 그마저도 쉽지 않다. 커피전문점에서 파트타임 직원 하나를 뽑더라도 바리스타 트레이닝을 거친 사람을 선호하고 있으니 말이다.

그렇다면 대체 바리스타가 되려면 어떻게 해야 하는 걸까. 국내에서 바리스타가 될 수 있는 방법은 크게 대학 및 사회·평생교육원, 사설아카데미, 바리스타 대회, 그리고 바리스타자격시험 세 가지로 분류된다. 그러니 바리스타가 되기로 마음먹었다면 카페에 아르바이트 지원을 하러 가기 전에 바리스타 교육부터 받는 것이 좋다. 우선 교육을 받고 실무로 들어가는 것이 가장 원칙적이며 올바른 길이기 때문이다. 교육을 받지 않고 바로 실무에 들어가면 에스프레소 추출 등 커피를 다루는 과정에서 자신만의 잘못된 버릇이 생길 수도 있고, 커피 제반 지식을 넓힐 기회를 갖지 못할 가능성이 많다. 특히나 국가대표 바리스타를 꿈꾸고 있다면 반드시 전문적인 교육기관을 찾자.

바리스타를 길러내는 학교

커피 산업을 한 단계 업그레이드하기 위해서는 상업적 기술 습득의 단계를 넘어 문화적으로, 학문적으로 체계화된 교육을 받아야 한다. 이를 위해 커피 바리스타과가 탄생했다. 국내에서는 2000년 단국대학교 평생교육원의 커피전문가과정 신설을 필두로 대학, 사회·평생교육원에서도 커피교육이 이루어지기 시작했다. 특히 각 대학들은 그들만의 차별화된 커리큘럼을 통해 전문적인 바리스타를 양성해가고 있다. 전문적인 지식을 깊이 있게 가르치는 각 대학의 바리스타 관련 학과를 살펴보자.

나주대학 커피바리스타학과 (http://www.naju.ac.kr)

2004년 호텔조리제빵부에 국내 대학 최초로 커피바리스타학과를 개설한 나주대학은 '국가대표 바리스타' 안재혁을 배출하기도 한 유서 깊은 학교이다. 국내 에스프레소 시장의 확대에 따라 이에 필요한 우수 전문 인력, 즉 바리스타를 양성하는 나주대학은 그 커리큘럼이 탄탄하고 교수진들의 실력이 좋기로 유명하다. 젊은 세대의 요구에 부응, 이들을 이끌어 나가기 위해 커피 관련 각종 이론 및 실습(역사, 생산지, 종류, 유통, 원두 선별법, 가공기술, 에스프레소 기계 조작법, 커피 예절과 문화 등) 등을 교육하고 있으며 학과 과정 중 바리스타, 식품위생 관리사, 위생사 면허증 등을 취득할 수 있다. 졸업 후 커피전문점, 호텔, 커피 전문 프랜차이즈, 커피 제조회사, 커피 관련 개인사업, 보건직 공무원으로 진출할 수 있다. 나주대학 커피바리스타학과는 단순한 커피 조리 기술 습득을 넘어서 커피에 대한 좀 더 깊이 있는 지식을 함양하고 커피를 완전히 이해하며 다룰 수 있는 전문가 집단, 즉 바리스타를 양성함을 목표로 두고 있다.

바리스타에 대한 공부는 크게 이론과 실습으로 나뉜다. 몸으로 익히고 실행하는 바리스타의 특성상 실습에 대한 비중이 높지만 모든 실습 이전에 이론을 탄탄히 다져야 한다는 학교 방침에 따라 이론 과정 또한 확실하게 짚고 넘어가는 편이다. 학생들은 커피학개론, 향미 평가 실습, 차 문화 이해 및 실습, 신제품 개발 실습, 조주 음료 실습, 커피 트레이닝, 커피 추출 실습, 커피 기계 실습, 베리에이션 조리 실습, 커피 배전 실습, 현장 실습 등의 수업 과정을 거친다. 이 여정 중 커피 콩의 종류와 결점두 선별하기, 커피 로스팅 단계와 특징 실습, 커피 블렌딩과 맛보기, 커피 분쇄도와 맛 평가 실습, 커피 추출 기술 및 기계 관리, 여러 가지 메뉴를 만드는 법 등, 바리스타로서 꼭 알아야 할 많은 지식들의 세부적인 내용까지 모두 알게 된다.

대구보건대학 호텔와인커피전공 (http://www.dhc.ac.kr)
대구보건대학 호텔와인커피전공은 전 세계적으로 각광받고 있는 와인 및 커피문화를 주도해나가기 위해 와인감별사(소믈리에), 커피조리디자이너(바리스타)를 양성하는 것을 목표로 와인, 커피 등 다양한 음료문화를 체계적으로 교육한다. 그리고 영어, 불어, 일어 등의 집중적인 외국어 교육으로 해외 취업을 위한 이론 및 실습 위주의 수준 높은 교육을 진행하고 있다. 다양한 산학협력기관을 두고 있어 여러 군데에서 다채로운 현장 실습 경험을 쌓을 수 있다는 것이 큰 장점이자 특징.

백석문화대학 커피바리스타학과 (http://www.bscu.ac.kr)
2006년 설립된 백석문화대학 커피바리스타학과는 다른 어느 곳보다 화려한 시설을 자랑하고 있다. 국내 최고수준의 전용실습실은 물론, 학생들이 직접 바리스타가 되어 보는 현장 실습 겸용 카페까지 있어 즐거운 공부가 가능하다. 바리스타가 되기 위해서 가장 중요한 것이 실습이라는 것을 감안해본다면, 첨단 시설을 갖추고 있는 백석문화대학은 매우 유리한 위치에 있는 셈이다. 여러 호텔과 커피전문점과도 산학협력을 맺고 바리스타를 키우는 기관으로서의 경쟁력을 높이려 노력하고 있다.

기타 교육기관
명지전문학교 바리스타&소믈리에과 (http://www.mj.ac.kr)
인천문예전문학교 커피바리스타과 (http://food.gimiwon.ac.kr)
한성전문학교 호텔식음료학과 (http://www.hansung.or.kr)
한국호텔관광전문학교 호텔소믈리에&바리스타과 (http://www.kht.or.kr)
바리스타학원 커피MBA (http://www.coffeemba.co.kr)
밀라노 바리스타 아카데미 (http://baristaacademy.co.kr)
코페아커피 아카데미 (http://www.coffea.co.kr)

커피향이 가득한 이국으로 떠나는 커피 유학

요즘 들어 커피의 본고장을 찾아 유학을 떠나는 것에 대해 고민하는 사람들이 늘고 있다. 커피를 전문적으로 공부하다 보면, 외국에서 직접 커피문화를 체험하고 싶어지는 때가 오는데, 만약 여유가 된다면 한번 다녀오는 것도 나쁘지 않다. 커피 유학은 커피에 대한 새로운 지식과 함께 그 나라의 문화와 제2외국어까지 배울 수 있는 좋은 기회이니 말이다. 단, 외국에는 우리나라처럼 바리스타학과가 대학에 개설되어 있지 않기 때문에 체계적인 학제 과정을 기대하기보다는 외국의 커피문화를 체험한다는 생각으로 다녀오는 것이 좋다. 커피를 배우러 많이들 가는 나라로는 이탈리아, 미국, 캐나다, 호주, 일본 등이 있다.

이탈리아

커피의 본고장이라고 불리는 이탈리아는 커피 종사자들에게 있어서는 꿈의 나라다. 드라마 〈커피프린스 1호점〉의 히로인 은찬이 커피 유학지로 선택한 곳도 이탈리아. 거리 곳곳에서 진한 에스프레소 향을 느낄 수 있을 정도로 온 국민이 커피를 사랑하는 나라다. 커피업계에서는 선망의 대상이 되는 나라임에도 불구하고 안타깝게도 커피교육과정이 대학에 개설되지 않고 있으니 유의할 것. 다른 나라도 그렇겠지만 특히 이탈리아에서 커피를 배운다는 것은 단순히 커피 지식을 넓히는 것만을 의미하지는 않는다. 커피와 관련된 이탈리아만의 독특한 문화, 사회적으로 공유하고 있는 전반적인 의식과 시스템까지 몸에 배게 만드는 것이 바로 이탈리아 유학 성공의 관건. 커피의 영혼인 에스프레소가 생겨난 문화적, 사회적 배경과 더불어 관련 지식들까지 풍부하게 연구하려는 마음으로 유학에 나서야 한다. '에스프레소 원조국'인 이탈리아에 '제대로 된' 에스프레소를 배우러 원정을 오는 다른 나라 사람들의 발길은 오늘도 끊이지 않는다.

미주지역 (미국, 캐나다) '스타벅스' 등의 프랜차이즈 커피 업체와 '아메리카노'로 대표되는 미주지역의 커피문화는 유럽에 비해서 상업적이고 좀 더 자유로운 것이 특징이다. 미국의 바리스타들은 자유로운 주제를 잡아 새로운 메뉴를 만드는 것을 즐기는 편이며 미국인들도 새로운 커피를 마시는 것에 거부감이 별로 없는 편이다. 따라서 상상력을 발휘하는 베리에이션 창작 메뉴, 혹은 전혀 색다른 메뉴를 만드는 것에 흥미가 있는 사람은 미주지역으로 유학을 가는 것이 좋다. 미주지역의 상상력은 메뉴에만 그치지 않는다. 에스프레소 머신이나 일반적 커피메이커 등의 장비를 개조하며 끊임없이 새로운 시도를 하는 것이 미주지역 커피업계의 특징. 여러 도구를 다양하게 튜닝하며 커피의 신세계를 개척하려는 미국의 시도는 자칫 정체될 수도 있는 커피계에 신선한 바람을 불러일으킨다. 그래서인지 미주에서 유학하다 온 사람들은 새로운 기계에 대한 적응력과 개선 능력이 뛰어난 편이다.

호주 워킹홀리데이 제도로 국내에서도 각광을 받고 있는 호주는 '일하면서 돈 벌 수 있다'는 장점 덕분에 커피를 공부하는 사람들에게 큰 사랑을 받고 있다. 워킹홀리데이 신청을 하면 따로 취업비자를 내지 않아도 호주 현지 카페에서 바리스타로 일할 수 있는 기회가 주어지니 다른 나라보다 절차가 간편한 편. 호주 현지에서 바리스타 과정을 이수하게 되면 호주에 있는 커피전문점에서 일자리를 구하기가 더 수월해진다. 호주의 곳곳에 있는 바리스타 전문학교에서 진행되는 프로그램을 따르면 최소 5주에서 최대 17주까지의 교육 후에 수료증까지 받을 수 있다.

일본 우리나라 바리스타들이 가장 많이 커피 유학을 가는 나라다. 우리보다 먼저 커피를 들여온 커피 선진국이며 세부적 지식 체계화가 잘된 편이라 커피 유학을 떠나기 좋은 나라다. 물론 우리나라와 어순이 비슷해 언어를 배우기 쉽고 지리적으로 가깝다는 이점도 많이 작용한다. 에스프레소 추출이 주를 이루는 다른 나라와는 달리 일본은 핸드 드립이 강세다. 그래서 로스팅이나 블렌딩도 대부분 핸드 드립에 맞추어 이루어지는 편이다. 그렇다고 핸드 드립만 있는 것은 아니다. 일본은 커피 추출법에 있어서는 타의 추종을 불허할 정도로 다양한 양상을 띤다. 시간이 오래 걸리고 과정이 복잡해 요즘은 거의 이용하지 않는 사이폰 추출을 전문으로 하거나 더치커피를 메인 메뉴로 두는 등, 독특한 곳도 꽤 많다. 여러 가지 커피 추출법을 직접 경험하고픈 사람이라면 일본 유학이 딱 맞을 것이다. 케이크나 파이 등의 사이드 메뉴가 강세라 커피와 함께 다양한 사이드 메뉴를 배울 수 있다는 장점도 있다.

바리스타로서의 실력을 발휘할 찬스!
바리스타 국내, 국제 대회

진정한 별들의 잔치, 바리스타 대회 우승은 모든 바리스타들의 꿈이다. 대회에서 우승한다는 것은 수많은 바리스타 중 최고 수준의 실력을 가진 바리스타라는 사실을 인정받았다는 뜻이기 때문이다. 그래서 많은 바리스타들이 대회에서 좋은 결과를 내기 위해 매일 밤새도록 연습하고 또 연습한다. 바리스타로서의 실력을 만천하에 자랑스레 드러낼 수 있는 기회, 국내외 바리스타 대회를 살펴보자.

국내 바리스타 대회
WBC & SCAE 월드바리스타챔피언십 한국대표선발전
세계대회의 한국 국가대표를 선발하는 대회로 KNBC(Korea National Barista Championship)라고도 한다. 국가대표 바리스타를 선발하는 대회이므로 가장 공신력 있고, 또 그만큼 까다로운 대회라고 할 수 있다. 1년에 한 번 실시하는 대회이며 한 번 실시할 때마다 천여 명의 바리스타가 참가할 정도로 성황을 이룬다. 여기서 우승을 하면 국가대표로 선발되어 세계 최대의 바리스타 대회에 참가할 자격이 주어지므로 바리스타라면 한 번 쯤 우승을 꿈꾸는 대회다. (http://cafe.daum.net/kcea)

KBC 한국바리스타챔피언십
2003년 제2회 서울카페쇼에서 처음 시작된 한국바리스타챔피언십(Korea Barista Championship)은 국내 최초의 공개 바리스타 대회라는 기록을 갖고 있다. 지역별 예선전을 거친 후 결승을 통해 한국최고의 바리스타 선발하는데, 지역별 예선에서부터 불꽃 튀는 경쟁이 이루어지는 걸로 유명하다. (http://www.coffeero.com)

국제 바리스타 대회
WBC (World Barista Championship)
'커피계의 월드컵'이라고 불릴 정도로 유명한 세계 최대 규모의 바리스타 대회다. 1년에 한 번 열릴 때마다 50개가 넘는 나라의 대표들이 참가해 열띤 경쟁을 펼친다. 여기서 우승하면 개인의 명예와 국가의 명예를 함께 드높일 수 있으므로 많은 바리스타들이 긴장 속에 경기를 진행한다. 지금까지 동양 사람이 1위를 한 적은 없어 아쉬움을 남긴다. 미국과 유럽에서 번갈아 개최하곤 하는데, 미국에서 개최할 때 좀 더 규모가 큰 편이다.
(http://www.worldbaristachampionship.com)

WCC (World Cuptasting Championship)
커피 맛을 판별하는 컵테이스팅을 전문적으로 하는 대회. 미각과 후각이 뛰어나며 커피 맛을 잘 판별하는 사람이라면 한번 도전해보는 것이 좋다. 한 세트에 3개의 커피 잔이 놓여 있는데, 이 중 나머지 두 개와 다른 맛이 나는 커피를 하나씩 골라내는 식으로 진행한다. 총 8세트를 놓고 시험하기 때문에 누구보다 정확하고 빠르게 8잔의 '다른 커피'를 찾아내는 것이 관건. (http://www.world-cuptasting-championship.com)

WLAC (World Latte Art Championship)
커피에 우유로 아름다운 그림을 그리는 라떼아트를 메인으로 하는 대회. 참가자는 에스프레소 잔, 카푸치노 잔에 각각 하나씩 라떼아트를 하고 마지막으로 자신이 창작한 라떼아트까지 선보인다. 작은 에스프레소 잔에 화려한 무늬를 넣을 수 있을 정도로 능숙하게 실시해야 한다. 대체적으로 손재주가 좋은 우리나라 사람들이 조금 강세를 보인다.
(http://www.world-latteart-championship.com)

WCSC (World Coffee In Good Spirits Championship)
알코올이 들어간 커피, 다시 말해 '아이리시 커피'를 만드는 대회. 이 대회에 가면 러시아 등 추운 나라의 바리스타들이 즐겁게 경기하는 모습을 볼 수 있다. 이 나라들은 추운 날씨를 이겨내기 위한 수단으로 커피에도 알코올을 넣어 마시는 풍습이 있기 때문. 아직 우리나라에는 많은 참가자가 있지 않지만 도전해볼 만한 가치는 충분한 대회다.
(http://www.world-coffee-in-good-spirits-championship.com)

WCIC (World Cezve Ibrik Championship)
'이브릭'이라는 용기에 커피 가루와 물을 넣고 달이는 '터키시 커피'를 만드는 대회다. 에스프레소 추출이 기본이 되는 기존의 바리스타 대회와는 달리 새로운 추출법을 테스트하는 독특한 대회. 2009년 첫 경기가 치러진 대회로 아직 발전해가는 중이다. 홈페이지는 아직 준비 중.

Coffee Story : IX

Ahn,
국가대표 바리스타가 되다

커피는 우리를 진지하고 엄숙하고 철학적으로 만든다.
- 조나단 스위프트 Jonathan Swift

대한민국 최초의
국가대표 바리스타, 손탁 여사

고종이 우리나라 최초의 커피 시음자이자 최초의 커피 애호가였다는 사실을 알고 있는지. 500년을 이어온 한국 전통 왕가와 커피라는 외국의 음료가 언뜻 매치되지는 않지만, 당시 고종의 커피 사랑은 꽤나 유명했다고 한다. 궁중의 다례의식에까지 커피를 올릴 정도였다고 하니 그 사랑이 가히 짐작이 된다. 아관파천 때 러시아 공사관에서 처음으로 커피를 맛본 고종은 이후 커피 애호가가 되었으며 덕수궁으로 돌아온 뒤에도 그 맛을 잊지 못하고 커피를 찾았다.

고종에게 처음으로 커피 맛을 선보인 사람은 독일인 손탁Sontag 여사였다. 요즘 말로 하자면 그녀는 황궁의 최초이자 최후의 국가대표 바리스타였다고 할 수 있을 것이다. 고종은 커피를 내오는 손탁 여사를 무척 아꼈다고 한다. 고종의 신임을 받은 그녀는 양옥집을 선물로 하사받았는데, 이후 이 양옥집을 호텔로 개조해 1층에 한국 최초의 커피숍을 개점하기도 했다.

커피 마니아 고종은 그러나 아이러니하게도 커피에 의해 죽을 뻔하기도 한다. 고종에게 신임 받다 내쳐진 친러파 김홍육이라는 사람이 궁중요리사를 시켜 커피에 독을 탄 것이다. 그가 독살의 매개체로 커피를 택한 이유는 단순하다. 황제에게 바치는 모든 음식은 평소 아랫사람들이 먼저 먹어보고 독이 있는지 여부를 파악하지만 커피만은 달랐기 때문이다. 고종은 아랫사람들에게 자신의 커피 잔을 내주지 않았다. 이 사실을 안 김홍육은 궁중요리사를 매수하여 커피에 독을 타는 음모를 꾸민 것이다.

하지만 그가 간과한 것이 있다. 바로 고종이 지독한 커피 마니아라는 사실. 고종은 커피를 대충 들이키는 사람이 아니었다. 그는 마니아답게 커피의 향기부터 음미하고 입에 머금으며 커피의 풍미를 느끼곤 했다. 독살 시도가 있던 날에도 고종은 커피의 향기부터 맡았다. 그런데 늘 마시던 것과 다른 향기가 나는 게 아닌가. 의문을 품은 고종이 입에 커피를 조금 머금은 순간, 함께 커피를 즐기던 황태자가 쓰러졌다. 다행히 고종은 입에 품었던 독차를 뱉어 내어 괜찮았지만, 한 모금을 마셔버린 황태자는 갑자기 쓰러져 인사불성이 되었고, 이후 유약체질이 되고 말았다.

'김홍육의 독차사건'으로 알려진 이 일화는 최근 「노서아 가비」라는 기발한 스토리의 소설로 탈바꿈하기도 했다. 조선 최초 바리스타인 손탁 여사를 모델 삼은 여자 사기꾼 따냐가, 커피 심부름으로 고종의 신임을 얻은 후 거대한 사기를 치는 내용인데, 커피라는 낯선 소재가 이야기의 큰 토대를 이루고 있어 흥미롭다.

바리스타에 대한 오해 하나, 자판기 커피는 적?

참 역설적인 말이지만, 바리스타가 되면 어디 가서 커피 한 잔 얻어먹기 힘들어진다. 가볍게 커피를 내오던 사람들에게 바리스타임을 밝히면 깜짝 놀라며 커피 잔을 무르기 때문이다.

"미리 말씀하시죠! 그런 줄도 모르고 인스턴트커피 타 왔는데……. 대신 녹차로 드릴게요."

내가 아무리 괜찮다고 해도 사람들은 아랑곳하지 않고 다른 차를 내온다. 라떼 아트 챔피언십 대상, 국가대표선발전 대상, 세계대회 6위. 겉으로 드러난 내 프로필만 본 사람들이 짐작하는 나는 '까다로운 커피 미식가' 이미지인가 보다. 물론 그런 면이 아주 없다고는 할 수 없다. 프로페셔널하게 다가서야 할 때는 다른 누구보다 세심하고 예민하게 반응하곤 하니까. 하지만 일상생활에서까지 그렇게 민감하게 굴지는 않는다. 나도 가끔은 혀끝이 찡하게 울리는 달콤한 인스턴트커피를 마시며 인생의 희로애락을 곱씹는 평범한 사람이다. 힘겨운 일이 끝난 후의 자판기 커피 한 잔의 맛을 거부할 한국 사람이 몇이나 있겠는가.

바리스타에 대한 오해 둘, 깐깐한 감정사?

커피를 즐기는 사람이 많아지면서 바리스타 교육 과정도 여기저기 많이 생기고 있다. 여러 기관에서 교육을 하고 있는 내가 가장 기다리는 시간은 바리스타를 처음 접하는 고등학생들과 함께하는 때.

"선생님, 이거 하나도 안 달고 써요. 아우, 맛없어. 무슨 한약 같잖아요."

처음엔 에스프레소 한 잔에 이렇게 호들갑을 떨던 학생들이 과정이 끝나갈 즈음이면 하나 둘 커피의 매력에 빠져든다. 서로 자기의 커피 취향을 앞 다퉈 피력하는 생기발랄한 모습에 나까지 즐거워질 정도다. 그렇게 교육생들이 조금씩 커피와 바리스타에 관심을 가지면, 곧 친구들의 연습과정을 지적하는 때가 온다. 나는 조용히 그 때를 기다렸다가 단호하게 한마디 한다.

"조금 배웠다고 어디 가서 아는 척하며 불편하게 하는 건 금물이야. 어느 바리스타든 자기만의 스타일이 있을 수 있으니 그의 영역을 지켜주도록!"

늘 학생들에게 강조한다. 커피의 모든 것을 아는 척하는 자세는 버리라고. 아마 평생을 바친다고 해도 커피에 대한 모든 지식을 완벽하게 섭렵하기는 어려울 것이다. 지금 이 순간에도 세상에는 수십 개의 커피 레시피가 탄생하고 있고, 새로운 커피머신이 생기고 있을 테니 말이다. 지난 몇 천 년간 끊임없이 새로운 변신을 했던 것이 커피다. 앞으로도 그건 다르지 않을 것이다.

커피에 대한 마인드는 바리스타마다 모두 다를 수 있다. 커피에는 정답이 없으니까. 누구나 자신만의 스타일이 있고 자기만의 노하우가 있는 법이다. 물론 정석이라고 불리는 방법은 존재하며 이것은 지켜야만 한다. 하지만 이 방법을 지키는 선에서의 풍부한 변주는 오히려 커피에 생명력을 불어넣어준다.

국가대표 바리스타, 재탕 커피를 마시다

나는 내가 일하는 곳이 아닌 곳에 가서 커피 맛을 평가하겠다는 마음을 가져본 적이 없다. 어떤 커피가 나와도 하나하나 따지거나 하지 않는다. 바리스타마다 저마다 해석이 다를 텐데, 내가 정답이랍시고 뭔가를 주장할 수는 없다는 생각이 들기 때문이다. 맛이 없게 느껴질 경우에는 그저 내 입맛에 안 맞는다고 생각하면 그만이니까.

예전에 고속도로 휴게소에서 커피를 마신 적이 있다. 아메리카노를 시켰는데, 주문을 받은 사람이 그대로 돌아서더니 다짜고짜 커피 머신의 버튼을 누르는 게 아닌가. 새로운 커피를 갈고, 그것을 포터 필더에 넣은 후 커피 머신에 장착하는 게 순서인데, 그걸 모두 무시한 거다. 이미 장착되어 있는 포터 필터는 대체 몇 시간이 지났는지, 혹은 며칠이 지났는지, 그 안의 커피는 얼마나 부패했는지 알 수 없었다. 그것보다 더 무서운 건 그것이 몇 번째 내리는 커피인지, 그러니까, 재탕인지 삼탕인지 혹은 십삼탕인지도 모른다는 점이다. 주르륵 흘러내리는 커피를 보면서 식은땀을 흘린 건 그때가 아마 처음일 것이다. 대놓고 '재탕'을 하는 모습에 경악한 나는 한참동안 뜸을 들이다 한 마디를 건넸다.

"저……, 원래 그것만 눌러서 뽑나요? 혹시 새롭게 커피 넣어서 뽑진 않나요?"

커피를 뽑은 아르바이트생은 심드렁하게 대답했다.

"네. 원래 이렇게 하는 거예요."

"아, 네……."

나는 사약 받듯이 커피를 받아들고 돌아서서 눈 딱 감고 단번에 들이켰다. 아, 정말 쓰고도 싱거운 눈물겨운 맛이었다.

한번은 외국계 프랜차이즈 커피전문점에 갔다가 낭패를 겪었다. 친구들이 달콤한 베리에이션 커피를 마실 때 나 혼자만 카푸치노를 시켰는데 심각할 정도로 쓰기만 한 커피가 나온 게 아닌가. 정말 '최악'이라는 생각이 들 정도의 커피였다. 커피 자체의 풍부한 맛이 전혀 나지 않는, 한마디로 한약 같은 커피였으니. 그래도 바리스타의 정성이 담겼으리라 생각하고 담담히 마시고 있었는데 한 친구가 내 커피를 마셔보겠다며 가져갔다. 말릴 새도 없이 커피를 들이켠 친구의 표정이 일그러졌다. 입에 머금은 커피를 어렵사리 삼킨 친구가 내게 하는 말.

"어휴, 써! 너 지금까지 이걸 어떻게 마신 거야? 난 먹는 순간 뱉고 싶더라!"

나는 태연하게 대답했다. 그래도 정성으로 내려준 커피를 버릴 수는 없었다고.

누군가는 바리스타이기 때문에 더 가혹할 수도 있을 것이다. 그리고 그런 사람도 필요할 것이다. 하지만 나는 그들의 괴로움이나 고뇌까지 모두 알고 있기 때문인지 그저 흘러버리게 된다. 아무리 맛없는 커피가 나온다고 해도 어쩌다 잘못 나온 커피이겠거니 여기며 즐겁게 마신다. 나는 아무래도 다른 바리스타의 커피에 대해서는 대한민국에서 가장 관대한 사람이 아닐까 싶다.

바리스타, 커피로 세상을 위로하는 직업

며칠 전, 매장에서 근무를 하고 있을 때다. 술 취한 남자분이 들어와 핸드 드립 커피를 시켰다. 갓 볶은 신선한 커피를 드리퍼에 담고 멋들어진 주전자로 물을 붓고 있는데 쭉 지켜보던 그 남자분이 한마디 했다.

"오, 아저씨, 어디서 좀 배웠나봐?"

그 순간 함께 일하던 바리스타들이 쿡쿡 웃음을 터트렸다. 웃음소리를 못 들었는지, 그분은 그 말을 선두로 한참동안이나 커피가 무엇이며 어떻게 만들어야 하는지를 꼬부라진 혀로 열심히 강의했다. 나는 씩 웃고 그러시냐며 그분의 말에 수긍했다. 그분이 돌아가자, 한 친구가 웃으며 날 불렀다.

"어이, 어디서 좀 배운 국가대표 바리스타 아저씨!"

그 친구는 놀리느라 하는 말이었지만 그 표현이 싫지만은 않았다. 남들보다 조금 더 커피를 아는 사람. 남들보다 아주 조금 더 배워서 맛있는 커피를 만들어줄 수 있는 사람. 앞으로 더 많이 알아가려고 노력하는 사람. 나는 그런 바리스타로 사람들의 곁에 남고 싶으니까.

과거 이슬람인에게 커피는 성스러운 각성제였다. 유럽인에게 커피는 사치스러운 기호품이었고, 미국인에게는 애국의 척도였다. 그리고 한참이 지난 지금, 현대인에게 한 잔의 커피는 따뜻한 위로이자 휴양이다.

나는 커피 한 잔으로 냉정한 삶에 치인 사람들의 영혼을 달래주는 사람이고 싶다. 그렇게 앞으로도 쭉 커피로 세상을 위로하며 사는 것이, 어쩌면 바리스타로서는 최고의 삶일지도 모른다.

Recipe

바리스타를 위한 커피,
에스프레소 B-presso
(2008년 대상 수상 창작메뉴)

창작메뉴만큼 바리스타를 지치게 하는 것도 없을 것이다.
하지만 그런 창작 과정이 없었다면 카푸치노도 캐러멜 라떼도 없었을 것이고 지금의 커피시장과 카페도 존재하지 않을 것이다.
많은 바리스타들을 고민에 빠뜨리지만 커피 업계를 더욱 활기차게 만들어 주는 창작메뉴. 지금 이 시간에도 머리를 싸매고 있을 바리스타들을 위해 국가대표 바리스타라는 칭호를 얻게 해준 나만의 레시피를 살짝 공개해본다.

Espresso B-presso

(1잔 분량) 에스프레소 1샷(30ml), 블루베리 100g, 레몬필 2~3조각, 마스카포네 치즈 50g, 생크림 200ml, 설탕 100g

❶ 블루베리와 설탕, 물을 중간 불에 스푼으로 떴을 때 느리게 흐르는 정도로 서서히 졸인다.

❷ ❶에 마스카포네 치즈를 중탕한다.

❸ 생크림을 거품기로 쳐 거품을 낸 후 ❷를 넣어서 같이 섞는다.

❹ 잔에 레몬필을 넣고, 에스프레소 1샷을 붓는다.

❺ 마지막으로 ❸을 가볍게 올린다.

바리스타 *Ahn* 의
특별한 이야기 다섯

바리스타 Ahn이 공개하는
LOVE COFFEE Recipe

커피 거품으로 날씨를 구별할 수 있다는 걸 알고 있는지. 커피 거품이 잔의 가장자리를 향해 떠오르는 날은 저기압인 날이므로 좋은 날씨를 기대할 수 없다. 반대로 커피 거품이 가운데로 올라오는 날은 나들이 약속을 잡아도 좋다. 가운데로 몰리는 거품은 고기압의 맑은 날씨를 예고하는 즐거운 신호이기 때문이다.

커피는 이처럼 날씨에도, 또 감정에도 예민하게 반응하는 음료다. 사람들은 기분에 따라 다양한 커피 메뉴를 선택한다. 우울한 사람들은 달콤한 초콜릿이 들어간 커피를 본능처럼 찾고, 휴식이 필요한 사람들은 봉긋하게 거품이 솟은 카푸치노를 선택한다. 사랑을 할 때는 부드럽고 여운이 남는 카페라떼를, 고독을 즐길 때는 에스프레소를 찾는다. 마치 '커피 테라피'처럼, 사람들은 저마다 자신을 위로하는 커피 음용법(?)을 알고 있는 것 같다.

손님의 기분에 딱 맞는 커피를 만들어주는 것은 바리스타로서의 사명이나 다름없다. 사람들은 저마다 특별한 상황에 처해 있고, 그럴 때 어울리는 커피를 무의식 중에 찾는 경향이 있다. 그러나 단순히 '끌리는 대로' 고른 커피가 상황에 꼭 들어맞지 않는 때도 많다. 많은 사람들이 피곤할 때는 생크림이 가득 든 달콤한 커피가 어울린다고 생각한다. 피로가 쌓였다며 일부러 생크림을 추가하는 손님들도 있다. 하지만 이럴 때 생크림 같은 포화지방을 과다 섭취하면 위에 부담을 주므로 오히려 역효과가 날 수 있다. 피곤한 날은 달콤하되 텁텁하지 않고 깔끔한 커피를 마시는 것이 한결 낫다.

　노련한 바리스타가 늘 곁에 있다면 기분이나 상황별로 커피를 마실 수 있겠지만 모든 사람들에게 개인 바리스타가 있지 않으니, 내가 나서서 지면으로 따뜻한 커피 한 잔을 전해볼까 한다. 지금 막 사랑에 빠진 연인들, 다이어트 중인 분들, 우울한 사람들, 마지막으로 지치고 피곤한 사람들을 위한 커피 레시피를 모아보았다.

연인과 함께 즐기는 커피 하나,
깔루아 커피

깔루아를 베이스로 진한 에스프레소에 달콤한 생크림을 얹은 깔루아 커피는 씁쓸함과 달콤함이 공존하는 연애와도 비슷하다.
다른 커피보다 양이 많은 편이니 한 잔을 만들어 연인끼리 나누어 마시는 것은 어떨지.

에스프레소 1샷(30ml), 깔루아(커피 리큐르) 30ml, 물 300ml, 생크림 300ml, 설탕시럽 15ml

❶ 생크림에 깔루아 30ml을 넣는다.
❷ ❶에 설탕시럽 15ml를 넣고 거품기로 쳐준다.
❸ 준비된 잔에 깔루아를 부어준다.
❹ ❸에 에스프레소 1샷을 넣는다.
❺ 뜨거운 물 300ml 를 붓는다.
❻ 생크림을 올려 완성한다.

연인과 함께 즐기는 커피 둘, 카푸치노

커피 잔 위에 구름을 올린 듯한 풍성한 우유 거품이 특징인 카푸치노.
우유 거품을 올린 모습이 이탈리아의 카푸친 사제들이 썼던 모자와 비슷하다고 해서 카푸치노라는 이름을 갖게 되었다.
한 잔을 다 마실 때까지 남아 있는 폭신한 우유 거품은 갓 시작한 연인들의 풋풋한 만남처럼 사랑스럽다.

에스프레소 1샷(30ml), 거품이 있는 스팀 밀크 150ml

❶ 우유를 65℃ 정도로 데우면서 거품을 낸다.
❷ 준비된 잔에 에스프레소 1샷을 붓는다.
❸ 스팀 밀크를 가득 부어준다. 기호에 따라 설탕을 넣어 먹을 수 있다.

TIP
카푸치노를 새롭게 마시는 방법 하나. 카푸치노의 풍성한 거품위에 설탕가루를 골고루 뿌린다. 설탕이 거품에 의해 젖었을 때 약간 굳은 설탕과 함께 부드러운 우유 거품을 한입 베어 물듯이 마신다. 어릴 적 먹던 빨주노 신호등 사탕과 커피를 같이 먹는 듯한 아련한 느낌이 들 것이다.

연인과 함께 즐기는 커피 셋, 루이보스 & 바닐라 커피

루이보스의 효능과 바닐라 빈의 달콤함을 함께 즐길 수 있는 메뉴다. 루이보스는 색이 예쁘고 카페인이 없어 여성들에게 많이 사랑받는 차. 새로 연애를 시작한 남자라면 루이보스 & 바닐라 커피로 연인의 마음을 사로잡는 것이 어떨지. 바닐라 특유의 단맛과 향에 거부감을 느낀다면 바닐라 빈은 첨가하지 않아도 된다.

에스프레소 1샷(30ml), 뜨거운 물 180ml, 루이보스 티 2g, 바닐라 빈 1개

① 준비된 잔에 루이보스 티 2g을 넣는다.
② 뜨거운 물을 넣고 약 2분 간 우려낸다.
③ ❷에 에스프레소 1샷을 넣는다.
④ 바닐라 빈을 넣고 저어주면서 마신다.

다이어트 중에 즐기는 커피 하나,
카페라떼 (저지방 & 무지방)

저지방 & 무지방 우유로 만든 카페라떼를 마실 경우, 일반 우유로 마실 때보다 훨씬 가벼운 기분을 느낄 수 있다. 유지방을 1/2가량 적게 섭취하기 때문에 훨씬 부담이 적다. 다이어트 중, 허기를 채우고 싶은 분들에게 적격인 커피다.

에스프레소 1샷(30ml), 저지방 & 무지방 스팀 밀크 180ml

❶ 저지방 & 무지방 우유를 65℃ 정도로 데운다.
❷ 준비된 잔에 에스프레소 1샷을 내린다.
❸ 잔에 가득 찰 때까지 스팀 밀크를 붓는다.

다이어트 중에 즐기는 커피 둘,
아이스 더치 라떼

더치커피로 만든 아이스 더치 라떼는 기존의 아이스 카페 라떼와 비슷해 보이지만 전혀 색다른 맛을 느낄 수 있다. 커피 추출법이 일반 에스프레소와 다르기 때문. 더치커피를 사용했기에 카페인이 없다는 점도 이 메뉴의 포인트다. 커피가 너무 진하게 느껴질 경우, 설탕 시럽을 조금 첨가하여 마셔도 좋다.

더치커피 100ml, 우유 150ml, 설탕시럽 20ml, 각얼음 7~8개

❶ 준비된 잔에 얼음을 넣고 설탕시럽을 붓는다.
❷ ❶에 더치커피를 붓고 시럽과 더치커피를 잘 저어 섞는다.
❸ 차가운 우유를 잔의 8부까지 채운다.

웃음을 가져다주는 커피 하나, 카페모카

달콤한 초콜릿이 들어간 카페모카는 우울할 때 마시기에 제격인 커피다. 진한 커피의 맛과 달콤한 초콜릿의 조화는 축 쳐졌던 기분도 단번에 띄워줄 것이다.

에스프레소 1샷(30ml), 스팀 밀크 170ml, 초콜릿 소스 15ml, 초콜릿 파우더

❶ 준비된 잔에 초콜릿 소스를 넣는다.
❷ 추출한 에스프레소를 넣고 초콜릿 소스와 분리되지 않도록 잘 섞는다.
❸ ❷에 초콜릿 파우더를 조금 뿌린다.
❹ 스팀밀크를 잔에 가득 찰 때까지 부어 완성한다.

웃음을 가져다주는 커피 둘,
재스민 커피

향긋한 아로마로 사랑받아온 재스민은 '사랑의 묘약', '향기의 여왕'이라는 별명으로 유명하다. 머리를 맑게 해주고 심적 안정을 찾아주는 효과도 있어 예부터 관상용, 음료용, 방향제 등으로 많은 사랑을 받았다. 동양에서 가장 오래된 꽃차인 재스민과 서양을 제패한 커피의 향긋한 만남을 즐겨보자.

에스프레소 1샷(30ml), 뜨거운 물 180ml, 재스민 티 2g

❶ 뜨거운 물에 재스민 티 2g을 넣는다.
❷ 재스민 티를 약 2분간 우려낸다.
❸ ❷에 에스프레소 1샷을 붓는다.

웃음을 가져다주는 커피 셋, 에스프레소 콘파냐

뜨거운 에스프레소위에 차가운 생크림을 얹은 에스프레소 콘파냐는 차가움과 뜨거움, 달콤함과 쓴맛을 동시에 느낄 수 있는 매력적인 커피다.
달콤한 생크림이 첨가되어 에스프레소를 처음 접하는 사람도 부담 없이 마실 수 있다.

에스프레소 1샷(30ml), 생크림 3스푼

① 볼에 생크림을 넣고 약간 걸쭉해질 때까지 거품기로 거품을 낸다.
② 준비된 잔에 에스프레소 1잔을 추출한다.
③ ❷에 3스푼의 생크림을 올려 완성한다.

휴식을 위한 커피 하나, 로즈마리 커피

로즈마리는 차로 마실 경우 피부가 부드러워지고 스트레스 및 근육긴장을 완화시켜주는 효과가 있다. 이런 로즈마리를 커피와 함께 마시면 커피 속의 카페인과 상호작용을 하여 숙면을 취하게 해준다. 일에 지쳐 휴식이 필요할 때 로즈마리 커피를 만나보자.

에스프레소 1샷(30ml), 뜨거운 물 180ml, 로즈마리 티백

① 준비된 잔에 뜨거운 물 180ml를 붓고 로즈마리 티백을 넣는다.
② 우려낸 로즈마리 차에 에스프레소 1샷을 넣으면 완성.

휴식을 위한 커피 둘,
카페 체리베리

상큼한 체리와 달콤한 블루베리가 부드러운 우유와 강렬한 에스프레소와 만나 다채로운 맛을 내는 카페 체리베리. 각각 색깔이 다른 재료들의 레이어가 뚜렷해 시각적으로도 매력적인 메뉴다. 커피와 함께 체리, 블루베리의 영양분까지 섭취할 수 있어 피로회복에도 도움이 된다.

에스프레소 1샷(30ml), 우유 100ml, 물 200ml, 생크림 300ml, 설탕 60g, 체리 6개, 계란 노른자 1개, 블루베리 8개, 각얼음 7~8개

❶ 물 200ml에 설탕 40g과 준비한 체리를 넣고 약한 불로 졸여 체리시럽을 만들어 둔다.
❷ 블루베리 8개와 계란노른자, 설탕 20g을 블렌더로 골고루 섞어준다.
❸ 생크림에 ❷를 넣고 거품기로 거품을 내며 블루베리 생크림을 만든다.
❹ 준비된 잔에 얼음과 체리시럽 15ml를 넣는다.
❺ 우유 100ml를 붓고 에스프레소 1샷을 넣는다.
❻ 블루베리 생크림을 올려주면 완성.

휴식을 위한 커피 셋,
라떼 마끼아또

우유에 커피로 점을 찍는 라떼 마끼아또는 커피 맛보다 우유 맛이 더 잘 느껴지는 독특한 커피다.
늦은 오후에 라떼 마끼아또 한 잔을 마시면 우유의 각종 성분이 심신을 안정시켜 주어 부드럽게 숙면에 들 수 있을 것이다.

에스프레소 1샷(30ml), 스팀 밀크 180ml

❶ 우유를 65℃ 정도로 데우면서 거품을 만든다.
❷ 준비된 잔에 데운 우유를 약 8부까지 채운다.
❸ ❷에 에스프레소 1샷을 붓는다.
❹ 에스프레소를 넣을 때 생긴 얼룩에 송곳을 이용하여 모양을 만든다.

바리스타 안재혁

어릴 땐 커피보다 TV에서 해주는 영화가 더 좋았다. 007시리즈에 나오는 숀 코네리처럼 멋진 연기자가 되겠다 다짐하고 진지하게 연기에 몰두하며 20대의 절반을 보냈다. 그러던 어느 날, 어머니의 커피 잔에 어린 향긋한 커피 내음에 이끌려 지금까지의 인생경로를 모두 뒤엎고 바리스타의 길로 들어섰다.

대한민국 최초로 개설된 나주대 커피바리스타학과에 진학, 1회 졸업생의 타이틀을 거머쥔 그는, 이후 네이버 라떼아트 왕중왕전 챔피언, CBC(Corea Barista Championship) Final Winner를 거쳐 KNBC(Korea National Barista Championship) 대상으로 국가대표에 선발되기에 이른다. 국가대표의 명예를 걸고 출전한 2008년 World Latte Art Championship 파이널 리스트에 올라 최종 6위에 선정되는 쾌거를 기록하기도 한다. 그 외에도 크고 작은 상들을 휩쓴 그는, 그것보다 더 중요한 게 커피로 손님을 만족시키는 것이라며, 화려한 수식어를 뺀, 그냥 한 사람의 바리스타로 불리기를 희망한다.

그에게 다가가면 감미로운 커피향이 배어난다. 일이 어느 정도 궤도에 오른 지금도 매일 하루에 절반 이상을 커피와 함께 붙어있기 때문. 요즘도 매일 직접 커피를 골라 내리며 새로운 메뉴 개발에 고심하는 그는 천상 바리스타로 타고난 사람으로 보인다. 커피가 연인보다 좋다는 바리스타 안재혁, 감성인터내셔널 코페아커피 성남점에 가면 지금 이 시간에도 묵묵히 커피 한 잔으로 세상을 위로하고 있는 그를 만날 수 있다.

나주대학 커피바리스타학과를 나와 라떼아트 전문점 알토 크레마에서 바리스타로서의 첫발을 뗐다. 카페 '그루'를 거쳐 현재 코페아커피 실장으로 근무 중이다. 농촌진흥청 및 푸드아카데미, 경기도 교육청 대안교육센터, 서부여성발전센터, 송곡여자정보산업고등학교 등에서 커피 바리스타반에 출강하고, MBC 세상의 아침, KBS 감성매거진, SBS 아이디어 하우머치 등 방송 프로그램에 출연하기도 했다. 바리스타 국가대표 선발전 최연소 심사위원이기도 하다.

수상경력

- 2006년 NAVER Latte Art 왕중왕전 Champion
- 2006년 CBC (Corea Barista Championship) Final Winner
- 2008년 KNBC (Korea National Barista Championship) 대상 (국가대표 선발)
- 2008년 WLAC (World Latte Art Championship) 6 place

코페아커피 http://www.coffea.co.kr
안재혁 블로그 http://blog.naver.com/tjbond

커피 볶아주는 남자

펴낸날	초판 1쇄 2009년 10월 25일
	초판 10쇄 2016년 9월 13일

지은이	안재혁
펴낸이	심만수
펴낸곳	(주)살림출판사
출판등록	1989년 11월 1일 제9-210호

주소	경기도 파주시 광인사길 30
전화	031-955-1350 팩스 031-624-1356
홈페이지	http://www.sallimbooks.com
이메일	book@sallimbooks.com

ISBN	978-89-522-1257-3 13590

※ 저자와의 협의에 의해 인지를 생략합니다.
※ 잘못 만들어진 책은 구입하신 서점에서 바꾸어 드립니다.